北朝鮮崩壊へのカウントダウン

初代国家主席・金日成《キムイルソン》の霊言

大川隆法

まえがき

北朝鮮とは、何《なん》とも人騒《ひとさわ》がせな国である。

幸福の科学は、一九九四年頃から、「北」の核開発に警鐘《けいしょう》を鳴らしているし、二〇〇九年五月には、「北」の弾道《だんどう》ミサイル発射実験に対して、この国の政府がまともな対応ができないのをみて、幸福実現党を立党した。あれからもう七年もの歳月《さいげつ》が流れた。

国論の「普通《ふつう》の国化《くにか》」には多少の寄与《きよ》はしたつもりだが、この国の言論は、まだ半分以上寝たきり状態である。二〇一一年には「東日本大震災」、二〇一六年には「熊本大地震」が起きて、日本の神々の警告は続いている。

本書では、「北」の初代国家主席・金日成《キムイルソン》の霊言を取りまとめ、「北」の本心を明らかにした。引き続き警戒を強めつつも、「改革解放《かいかくかいほう》」への道を戦略的に考えていくべきだろう。

二〇一六年　五月十七日

幸福《こうふく》の科学《かがく》グループ創始者兼総裁《そうししゃけんそうさい》
幸福実現党創立者兼総裁《こうふくじつげんとうそうりつしゃけんそうさい》　大川隆法《おおかわりゅうほう》

北朝鮮 崩壊へのカウントダウン　初代国家主席・金日成の霊言　目次

北朝鮮《きたちょうせん》 崩壊《ほうかい》へのカウントダウン
初代国家主席・金日成《キムイルソン》の霊言《れいげん》

二〇一六年五月六日　収録
東京都・幸福の科学　教祖殿《きょうそでん》　大悟館《たいごかん》にて

「霊言現象《れいげんげんしょう》」とは、あの世の霊存在の言葉を語り下ろす現象のことをいう。これは高度な悟《さと》りを開いた者に特有のものであり、「霊媒現象《れいばいげんしょう》」（トランス状態になって意識を失い、霊が一方的にしゃべる現象）とは異なる。外国人霊の霊言の場合には、霊言現象を行う者の言語中枢《ちゅうすう》から、必要な言葉を選び出し、日本語で語ることも可能である。

なお、「霊言」は、あくまでも霊人《れいじん》の意見であり、幸福の科学グループとしての見解と矛盾《むじゅん》する内容を含《ふく》む場合がある点、付記しておきたい。

北朝鮮《きたちょうせん》 崩壊《ほうかい》へのカウントダウン
初代国家主席・金日成《キムイルソン》の霊言《れいげん》

二〇一六年五月六日　収録
東京都・幸福の科学　教祖殿《きょうそでん》　大悟館《たいごかん》にて

金日成《キムイルソン》（一九一二～一九九四）

朝鮮《ちょうせん》民主主義人民共和国（北朝鮮）の初代最高指導者。共産青年同盟を経《へ》て、中国共産党に入党。抗日遊撃隊《こうにちゆうげきたい》組織に参加し、抗日運動を展開。このころ、「白頭山《はくとうさん》の虎《とら》」「金日成将軍」と呼ばれるようになる。一九四〇年、ソ連に脱出《だっしゅつ》。日本敗戦後の一九四五年十月、ソ連占領《せんりょう》下の北朝鮮に戻《もど》り、一九四八年の建国時に初代首相に就任した。その後、党内闘争《とうそう》を経て、朝鮮労働党、政府、軍の権力を掌握《しょうあく》し、独裁体制を築く。一九七二年、初代国家主席に就任。一九七〇年代には、自主外交・自立経済・自衛国防を柱とした「主体思想《チュチェ》」による国家建設路線を打ち出した。

質問者　※質問順

里村英一《さとむらえいいち》（幸福の科学専務理事〔広報・マーケティング企画《きかく》担当〕兼《けん》ＨＳＵ講師）

綾織次郎《あやおりじろう》（幸福の科学常務理事 兼「ザ・リバティ」編集長 兼 ＨＳＵ講師）

加藤文康《かとうぶんこう》（幸福実現党幹事長）

［役職は収録時点のもの］

1　三十六年ぶりの労働党大会の日に現れた金日成《キムイルソン》の霊《れい》

幸福の科学を「世界の中心だ」と評して霊言《れいげん》収録を求めた金日成《キムイルソン》

大川隆法　今朝《けさ》ほど、霊界《れいかい》からの来客がございました。最初は誰《だれ》か分からなかったのですが、私は、昨日《きのう》、今日と二日ほど、朝方に創価学会《そうかがっかい》の池田大作名誉会長《いけだだいさくめいよ》の夢を見たので、もしかしたら彼の守護霊《しゅごれい》が来たのかなと思ったのです。名前を名乗らないので、「そうなのかな」と思っていたのですが、違《ちが》っていました。

結局、四十分ほどかかったのですが、来ていたのは金日成《キムイルソン》の霊です。北朝鮮《きたちょうせん》の初代国家主席がお出《い》でになりました。

今、北朝鮮では、何か大会をやっていますよね。

里村　はい。今朝（二〇一六年五月六日）の九時から労働党大会があります。

大川隆法　おそらく、その日に合わせたのだと思うのですが、まず、一昨日《おととい》の夜に、三代目の金正恩《キムジョンウン》氏の守護霊が来て、「そろそろ、俺《おれ》の霊言《れいげん》を録《と》らないか」というような感じのことを言ってきたのです。

そこで、「今年の一月、水爆《すいばく》実験のあとに録ったんだから、いいじゃないですか」と答えたのですが（『北朝鮮・金正恩はなぜ「水爆実験」をしたのか』〔幸福の科学出版刊〕参照）、「いや、その後、世界でたくさんの反応があるから、何か言いたい」ということでした。

さらに、私が、「外国のマスコミが取材に来ているのだから、そちらで言えばいいじゃないですか」と言ったところ、「いや、あちらでは本音《ほんね》がそんなに語れない」と言うのです。当会も、メディアとして分

『北朝鮮・金正恩はなぜ「水爆実験」をしたのか』（幸福の科学出版刊）

類されているのか（笑）、彼は、「ここを通してだと世界に発信ができるから」という感じのことを言っていました。

そのときは、いったん拒否《きょひ》申し上げたのですが、今日はおじいさん（金日成氏）のほうが朝から来られたわけです。

私としても、少し躊躇《ちゅうちょ》はしたのですが、「敵のことを知らなきゃいけないだろう？」とか、「ここ（幸福の科学）は世界の中心だから」とか、なかなか〝ツボ〟を攻《せ》めてくるようなことを言ってきました（笑）。彼は、「ここから出たことが、今、世界を動かしてるじゃないですか。だから、ここから言う必要があるんだ。外国の記者団には、本当のことは言えないし」という感じだったのです。

おそらく、今、（北朝鮮の）取材はさせているでしょうし、市内のカラフルで立派なビルを映させてもいるでしょう。スーパーのなかでは取材できないのかもしれませんが、なかに入って買い物をさせたりして、「まだ物資はあるぞ。経済制裁は効いてないぞ」ということを見せようとしている感じではあります。もちろん、労働党大会も見せたいのかもしれません。

ロシアを北朝鮮《きたちょうせん》や中国のほうに追いやるのは得策ではない

大川隆法　また、今、安倍《あべ》首相が連休を使ってヨーロッパに外遊《がいゆう》しており、イタリア、フランス、そして昨日はドイツに行っています。

これは、伊勢志摩《いせしま》サミットの根回しに行っているのだろうと思いますが、「財政出動に積極的にならないといけないのではないか」というようなことを言って回っているようです。それに対し、イタリアやフランスは、ある程度、理解した感じだったものの、最も難しいのはドイツのメルケル首相で、ここを説得するのがいちばんの目的だったと思います。しかし、メルケル首相は首を縦には振《ふ》らなかったようで、相変わらず頑固《がんこ》でケチケチしていて、「まあ、伊勢志摩サミットで話をしよう」というかたちで終わり、成果はなかったようです。

そして、今日の五月六日はロシアまで行き、プーチン大統領と話をするようです。

おそらく、当会が（プーチン大統領の守護霊霊言などで）仕掛《しか》けたことが効いているのでしょう。

ただ、クリミア問題以降、G8《ジーエイト》ではロシアを外しているため、日本としての立ち位置は非常に微妙《びみょう》です。日本は、欧米《おうべい》に向かっては、「北方領土問題があるから」というように言い、「ついでにクリミアやEUとの関係についても話をする」などと言ってはいるようですけれども、どのような話になるかは分かりません。

気配《きくば》り的に見れば、G8から外れたロシアをつなぎ止めるという意味でも、このようなことを一回やっておき、あちらの面子《メンツ》を立てることが大事なのではないでしょうか。アメリカやEUの言うことだけを聞いていると、日本の国益の問題にも響《ひび》いてくるだろうと思います。

当会としては、やはり、北朝鮮《きたちょうせん》情勢や中国情勢を考えると、「ロシアとの平和条約を結ぶなり、友好促進《そくしん》をしておくことが重要なのではないか」と述べています。

また、私が出したプーチン大統領の守護霊霊言をプーチン氏ご本人も読んでいるとのことですし、（守護霊が）「日本から仕掛けてきてほしい」というような言い方をしておられたことについても発表しています（『ロシア・プーチン新大統領と帝国《ていこく》の未来』（幸福実現党刊）、『プーチン大統領の新・守護霊メッセージ』（幸福の科学出版刊）、また本収録の翌日の二〇一六年五月七日収録「プーチン 日本の政治を叱《しか》る」参照）。

今回は（安倍首相の）駆《か》け足の外交でもあり、実を結ぶかどうかは分かりませんが、行かないよりは行ったほうが、多少なりとも今後に残すことができるかもしれません。

「ロシアを北朝鮮や中国のほうに追いやってしまうのは、日本としてはあまり得策ではない」と、私は思っています。したがって、日米の関係を壊《こわ》さず、ＥＵとの

『ロシア・プーチン新大統領と帝国の未来』
（幸福実現党刊）

『プーチン大統領の新・守護霊メッセージ』
（幸福の科学出版刊）

関係も完全には壊さないようにしながらも、やはり、ロシアのほうとも完全に切ってはいけないと考えています。

金日成の霊《れい》が私のもとを訪《おとず》れた理由とは

大川隆法　今日、なぜ、金日成の霊《れい》が私のところに来たのかということについては、訊《き》かなければ分からないのですけれども、考えられることは、おそらく次のようなことです。

　私は、今年、批判が来るのを承知の上で、「日本の核《かく》装備も必要なのではないか」ということを講演会で述べました（『世界を導く日本の正義』〔幸福の科学出版刊〕参照）。すると、そのあと、そういう議論がいろいろと出てきています。

　また、北朝鮮の側からすれば、日本が核装備をし始めるとともに、何らかのかたちでロシアと安保《あんぽ》系

『世界を導く日本の正義』
（幸福の科学出版刊）

の同意を取ることができたら、いわゆるチェックメイト、「王手」になる可能性が極《きわ》めて高いと見えるのではないでしょうか。もし、ロシアからの援助《えんじょ》を切られ、背後から、日本の安保にかかわる関係を結ばれたとしたら、今、中国との関係もあまりよくはない北朝鮮にとっては危険な状態になると思います。

さらに、アメリカのほうは、共和党ではトランプ氏が大統領候補として出てくるのはもはや確実であり、その勢いを見ると、民主党のヒラリー氏を圧倒《あっとう》しそうな感じですが、もし、トランプ氏が大統領になった場合、これもまた北朝鮮にとっては怖《こわ》いことでしょう。

例えばトランプ氏は、日本や韓国《かんこく》への防衛負担について、「韓国の米軍駐留費《ちゅうりゅうひ》の負担が五十パーセントというのが許せない」とか、「日本は予算を全額負担しろ」とか、あるいは、「そうでなければ、自分の国は自分で護《まも》れ」というようなことを言い放っています。また、CNNのインタビューでは、「韓国や日本の核装備も認めるのか」という質問に対し、あまりはっきりした反応ではなかったものの、本心はそういうところにあるように感じられました。

「自分の国をほかの国に護ってもらっておいて、アメリカの金を持ち出しさせるというようなことはおかしいし、日本も韓国も、世界のトップランキングの豊かな国ではないか。そのくらいの金を出せないことはないし、それが嫌《いや》なら、米軍を引き揚《あ》げるぞ」というようなことまで言って、脅《おど》しをかけています。

こうしたことについて、〝ビジネスマン的交渉《こうしょう》〟としては、私は非常によく分かります。「こういう交渉はするだろうな」と思うのです。おそらく私だって、このようにするでしょう。「お金を出させるか」、そうでなければ、「沖縄《おきなわ》のようにごねているのを黙《だま》らせるか」のどちらかに必ずなります。

沖縄も、ある程度、わがままを言っているのです。「憲法を押《お》しつけられて、アメリカが護るという約束で始まったから、アメリカに責任がある」というようなことで、少しわがままを言っているところがあると思います。

それに対しトランプ氏は、「いいよ、米軍を引き揚げても。その代わり、日本は自分の国を護れないし、中国や台湾《たいわん》や韓国、ほかの国もあるよ」と言いたいのでしょう。「防衛の危機に、自分で直面しろ」というのは、ビジネスライクな考え方だと思います。

このように、国際政治の流れが変わる可能性が極めて強くなってきているので、このなかで（金日成は）危機感を募《つの》らせているのだろうと思うのです。

北朝鮮《きたちょうせん》の現状を建国の父・金日成に訊《き》く

大川隆法　今日は、どこまで行けるかは分かりませんが、やってみましょう。北朝《きたちょう》鮮《せん》については、過去の霊言等も何冊かありますけれども（注。北朝鮮に関する霊言としては、『金正日《キムジョンイル》守護霊の霊言』『北朝鮮の未来透視《とうし》に挑戦《ちょうせん》する』『北朝鮮・金正恩はなぜ「水爆実験」をしたのか』〔いずれも幸福の科学出版刊〕、『北朝鮮――終わりの始まり――』『守護霊インタビュー　金正恩の本心直撃《ちょくげき》！』〔共に幸福実現党刊〕等がある。〔左図参照〕）、過去のものは過去のものとして、今の情勢下で考えていることや言いたいことがあれば聞いてみたいと思います。

三代目である孫に代わって初代が出てきた以上、よほど困っているのではないでしょうか。

金正恩（の守護霊）もそう言っていました。外向きに、外国のマスコミ向けには、「経済制裁は、全然堪《こた》えていない」と言っているけれども、「実は、困ってはいるのだ」ということを言っていたのです。

金日成も、そう言っていましたが、公正なメディアは幸福の科学しかないらしいとのことでした（笑）。「公正に、中立に、ニ

北朝鮮に関する主な霊言・リーディング

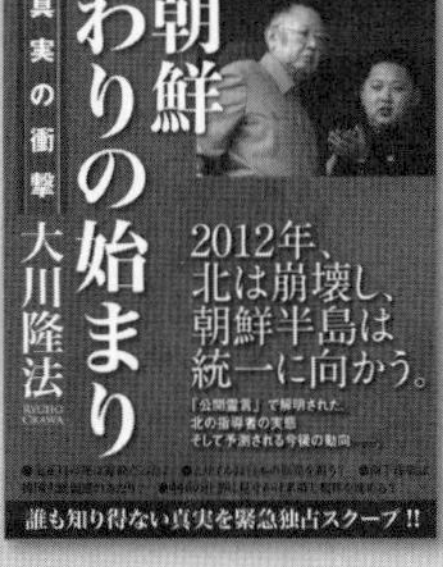

『北朝鮮――終わりの始まり――』（幸福実現党刊）

『北朝鮮の未来透視に挑戦する――エドガー・ケイシー リーディング――』（幸福の科学出版刊）

『金正日《キムジョンイル》守護霊の霊言――日本侵略計画（金正日守護霊）vs. 日本亡国選択（鳩山《はとやま》由《ゆ》紀《き》夫《お》守護霊）――』（幸福の科学出版刊）

ユートラルに意見を出してくれて、そのまま発信してくれる」という、実に、〝ご機嫌《きげん》〟でもあり、〝人のよい〟メディアでもあるわけです。

ただ、「金正恩（の守護霊）は、明らかに、当会を利用しようとしている」と見たので、今回は霊言を収録しなかったのですが、もう一回、おじいさん（金日成）も出てきたので、「信じる、信じない」は別にして、意見としては聞いておくべきかと思います。

反論も当然、出てくると思うのですが、向こうの考え方、ないしは、「そのように考えている」と見せようとしている内容を知っておくことは大事かと思うのです。（北朝鮮は）外国メディアを入れても、いつものとおり、情報統制をして、いいところだけを見せるかたちでしょう。それでは、「本心はどうか」ということが分かりません。

金正恩（の守護霊）のほうは本心を隠《かく》すかもしれないのですが、こちら（金日成）のほうは本心を言う可能性が高いと思っています。

中国との関係やロシアとの関係、日本や韓国、アメリカとの関係を、どういうふうにするつもりか。あるいは、国の将来をどう見ているのか。このあたりについて訊《き》いてみましょう。

私のほうは、当会が考えているような方向で行けば、もう「王手」だと見てはいます。ただ、そのようにならないかもしれません。日本には政党や国会がありますので、そうならないかもしれないのですが、「考え方」として、まず出しておくことが大事かと思います。

例えば、『北朝鮮――終わりの始まり――』（前掲《ぜんけい》）などという本も出ています。ちなみに、ほかの著者のものですが、同じ題名の本が最近、出ていました（笑）。「北朝鮮の終わりの始まり」というのは、もう少しで流行《はや》り言葉になる寸前だったのです。同じような題名の本を出している人もいましたので、けっこう影響力《えいきょうりょく》というか、伝播力《でんぱりょく》はあるのかなとは思っています。

今回の霊言を本にして出せば、必ず読む人はいるのです。メディア系や政治家系の人は必ず読むと思いますし、官僚《かんりょう》系の人も読むと思います。

最初はまず向こうの言いたいことを言わせて、あなたがた質問者の反論を受けながら、真実をあぶり出すというやり方ですが、これは、極めて基本的なメディアのやり方です。言いたいことを言わせて、質問を投げかけて、その反応を見ながら、「本当のところは、どういうところか」を見ていく。場合によっては、視聴者《しちょうしゃ》や読者に判定をしてもらう。これは、メディアの極めて公平な姿勢であると思います。

過去、「（金日成は）化《ば》け物だ」など、いろいろ言ってはいますが（注。以前の霊言で、金日成氏の霊界における意識としての姿は、「カニとクモを合わせたような怪物《かいぶつ》」の状態であることが判明している。前掲『北朝鮮の未来透視に挑戦する――エドガー・ケイシー リーディング――』参照）、それは置いておくことにして、今日は、人間としての考え方を聞いてみようかと思います。

（質問者に）それでは、よろしくお願いします。

里村　お願いいたします。

大川隆法　では、今朝ほどから来ております、北朝鮮の建国の父・金日成元国家主席をお呼びいたしまして、そのご本心を伺《うかが》いたいと思います。

金日成国家主席よ。

金日成国家主席よ。

どうぞ、幸福の科学 教祖殿《きょうそでん》 大悟館《たいごかん》に降りたまいて、そのご本心を明かしたまえ。

どうか、幸福の科学 教祖殿 大悟館に降りたまいて、そのご本心を明かしたまえ。

よろしくお願い申し上げます。

（約五秒間の沈黙《ちんもく》）

2　初代・金日成から三代目・金正恩《キムジョンウン》はどう見えるか

非常に機嫌《きげん》よく登場した金日成の霊《れい》

金日成　ううーん……。

里村　おはようございます。金日成元国家主席でいらっしゃいますでしょうか。

金日成　ううーん、聞き覚えのある声だなあ。どっかで聞いたような……。

北朝鮮の初代最高指導者、金日成元国家主席（1912 ～ 1994）。

里村　ああ、そうでございますか。

金日成　ああ。

里村　三年ほど前に、主席には一度降りていただきまして、お話を伺《うかが》わせていただきました（前掲《ぜんけい》『北朝鮮《きたちょうせん》の未来透視《とうし》に挑戦《ちょうせん》する――エドガー・ケイシー リーディング――』参照）。

金日成　うーん。

里村　そのとき、この横にいる綾織《あやおり》とか、別の質問者が……。

金日成　（綾織に）君、出世したんだなあ。服がよくなっとる。

綾織　うーん、あまり変わらないと思いますけれども（笑）。

金日成　いやあ、新調《しんちょう》したんだろう、それ。うん？

綾織　いいえ（笑）。

金日成　物資豊かだなあ。

綾織　まあ、北朝鮮よりは。

金日成　そうか。喪服《もふく》じゃないよなあ。

綾織　はい、違《ちが》います。

金日成　喪服じゃないよなあ。今日は「祝いの日」だ。

里村　ああ、祝いで……。まさに本日、この時間に、北朝鮮の平壌《ピョンヤン》のほうでは、三十六年ぶりの「労働党大会」が始まっております。

金日成　うーん、それは、国家を挙げて、今、血の気《け》がガーッと高まっとるわなあ。

里村　はい。そうした北朝鮮にとっても、今年のいちばん大切な日に、金日成主席が……。

平壌の金日成広場で行われた北朝鮮の労働党大会を祝うパレード（2016年5月10日撮影）。

金日成　独占《どくせん》取材。なあ？

里村　はい。

金日成　独占インタビューだ。すごいなあ。ＣＮＮを超《こ》えたわなあ、君ら。何だ？

●「ＴＨＥ《ザ》　ＦＡＣＴ《ファクト》」、なあ？

里村　はい。「ＴＨＥ　ＦＡＣＴ」でございます。もうどんな人でも、どこも、インタビューできないときに……。

金日成　ああ、できないよなあ。

●「ＴＨＥ　ＦＡＣＴ」　幸福の科学が配信するネットオピニオン番組。海外での現地取材や当事者へのインタビューなど独自の取材を行い、マスコミが報道しない「事実」を世界に伝えている。質問者の里村は同番組のメインキャスター。

里村　はい。このような機会を頂きまして、ありがとうございます。

金日成　君らに徳があるということだな、それはな。

里村　いえいえ、とんでもございません（笑）。主席にそう言っていただくと……。

金日成　君なあ、なかなか、〝いい感じ〟だなあ。

里村　（笑）

金日成　北朝鮮に来たら、コックかなんかやらないか。

里村　いやいや、コックですか（笑）。

金日成　なんか、似合ってるわな。

里村　いえ（笑）。

金日成　いや、日本料理のいいコックが欲《ほ》しいんだよなあ、うちも。

里村　（笑）最近も、日本人のコックが渡《わた》られたりしているようですけれども。

「三代目は、よき指導者を演出できている」

里村　非常に、今、お元気な印象を受けましたけれども、二〇一六年五月六日現在のご気分というのは、いかがでしょうか。

金日成　まあ、核《かく》実験を続けて、ミサイル実験も続けて、三代目としてはなあ、正《ジョン》恩《ウン》はいっぱいいっぱい頑張《がんば》っとると思うんだがなあ、今んとこな。今んとこ、周囲の、せっかくの予想に反してな、よき指導者を演出できてるんじゃないかなあ。

里村　三年ほど前に、主席は霊言《れいげん》で、「核ミサイルでアメリカを脅《おど》したい」という……。

金日成　やってる、やってる。なあ?

里村　それを、非常に三代目・金《キム》正恩に期待していらっしゃったんですけれども、ある意味で、今年に入って、その願いどおりの展開になってきたという感じがします。

金日成　うん。オバマ君はねえ、何にもまともなことは言えないでいるらしいじゃないか。あまりに北朝鮮の脅威《きょうい》に恐《おそ》れをなしてなあ。下手《へた》なことを言ったら、本当に撃《う》ってくるかもしらんわなあ。

里村　はい。

金日成　怖《こわ》くて怖くてね、アメリカは撤退《てったい》してからでないと言えないわな、怖いからなあ。

だから、大国アメリカにねえ、「敵対台詞《せりふ》をしゃべらせない。黙《だま》らせた」っていうのは、すごいんじゃないか？

里村　はああ。今年の一月にも、「水爆実験《すいばくじっけん》」をやりまして、よく言えば、ある意味で、「今年の年初に、世界の度肝《どぎも》を抜《ぬ》いた」ということになるんですけれども、このへんについては、かなり、金日成主席からの指導があったのでしょうか。

金日成　いやあ、それは、世界の指導者の肝《きも》は冷えたことだろうなあ。まさか、そこまで行ってるとは思わんかったわなあ。

だから、「水爆じゃない」って、一生懸命《いっしょうけんめい》、否定してな、「無いことにしよう」としてるけど。ないことにしたところで、「頭隠《かく》して尻《しり》隠さず」みたいなもんでなあ。それは実験してほしけりゃあ、してやるさ、いずれな。でも、そのときには最後だな。最後の日が来るからな。その恐怖《きょうふ》から逃《のが》れることはできんだろうなあ。「実験してほしいわけ？」って言えばな。

里村　まさに肝を冷やさせる結果を生みまして、それ以来、ある意味では、黒船の登場のように、世界に動きが出ていますが、そのあたりの話は、またあとでお伺いします。

3　金日成は「日本との平和条約」を望んでいる!?

幸福実現党を「公党として認める」と語る金日成の霊《れい》

里村　今日、わざわざ、この東京にいらっしゃって、まず最初におっしゃりたいことは、どのようなことなのでしょうか?

金日成　わしは目が肥《こ》えとるからなあ。「世界の情勢」から「日本の政治」まで、よう見えとるからさ。もう、日本の自民党やら民進党やら、こういうのは、交渉《こうしょう》の相手でないことは分かっとるのだよ。

里村　ほお。

金日成　もう、何にも進まないから、こんなのね。だからねえ、君らな?　うーん、何だっけ、何とか……。

里村　幸福実現党です。

金日成　うん、そうそう。

里村　はい。今日は質問者に、幹事長もいます。

金日成　幸福実現党の時代が来たんだ。だから、君らと交渉してないと、未来の話は進まんから。

綾織　「交渉する」というのは、何について交渉したいのでしょうか。

金日成　もう、公党として、わしが世界最初に認めてやる。公党として認める。日本の未来は君たちが決めるんだから、君たちと交渉しておれば、それは何年か後の日本の結論になるからな。

綾織　「日本と、いい関係を結びたい」とお考えですか。

金日成　だから、（幸福実現党を）「日本の全権代表」だと見てるからさあ。

綾織　なるほど。ありがとうございます。

加藤　それはありがたいお言葉です。

金日成　うん。だから、自民党や民進党は、もう相手にならない。全然、意思決定できないからさ。

綾織　何か、日本から欲《ほ》しいものがあるのですか。

金日成　うん?　欲しいものがあるっていうか、いや、君ねえ、「国家対国家」の交渉のテーブルにつかせてあげてるわけよ。な?　君は、日本の〝マスコミの代表〟だ。

綾織　ああ。ありがとうございます。

金日成　〝共同通信〟の代表だ。な?

「日本との平和条約」を望む理由とは

加藤　しかし、今日は五月六日ということで、ちょうど九時から、朝鮮《ちょうせん》労働党大会が開かれていますが、三十六年ぶりということで、まさに、国家を挙げての一大イベントだと思います。

金日成　知っとるよ。

加藤　やはり、大切な後継者《こうけいしゃ》であるお孫さんが、今、それなりの重要な仕事をしていると思います。

金日成　うん。国内は彼がやっとるんだけどな、外交はわしがやっとる。今、わしが外交をやってるんだ。

加藤　主席も、やはり、それなりのご指導はしていらっしゃるはずなのですけれども。

金日成　いやいやいやいやいや、彼だよ。国内はやれるから。わしは、外国をな?　外国を、こう……。

加藤　ええ。やはり、今の朝鮮民主主義人民共和国ですが、外交関係などに、ご心配なところや懸念《けねん》を感じているところもあるのではないでしょうか。

金日成　うーん。いやあ、君らねえ、選挙が近いんだろう?　選挙。

北朝鮮の平壌で開かれた第7回労働党大会に出席した金正恩第1書記（中央右）（2016年5月9日撮影）。

加藤　まあ、今日は選挙の話はちょっと置いておきまして（苦笑）。

金日成　いやあ、それは大事なことだよ。

加藤　しかし、今日はせっかく主席に東京までお出《い》でいただいたので……。

金日成　やっぱり、君ねえ、選挙でしっかりPRをしないとさあ、投票取れないじゃない。なあ？

あなたねえ、例えば、「北朝鮮に米を百万トン送ろう」とか言ったら、急にマスコミがバーッと流すよ、一斉《いっせい》に。例えばの話な。

里村　はい。

金日成　意表《いひょう》を突《つ》くわけよ。「それでどうするの?」って、そのあと、「平和条約を結ぼう」と。こういうことを言ったらねえ、もう、左翼《さよく》マスコミと思って、君らが敵視してたのが、みんな一斉に飛びついてきて、報道される。それで、あっという間に当選者がバッと出る。
　こういう奇策《きさく》を教えてやろうかなあと思ってな。

里村　そうすると、主席は、やはり、まず日本に、お米等の食糧援助《しょくりょうえんじょ》を……。

金日成　やっぱりねえ、「友好の印《しるし》」っていうのは要《い》るでしょ。

里村　「友好の印」ですか。

金日成　やっぱり、君ねえ、手土産《てみやげ》なしでは来れんでしょう。

里村　そして、日本と「平和条約」を結びたい？

金日成　そうそう。それがいちばんだよ。

だからねえ、今、北朝鮮と韓国《かんこく》が、「最後どうなるか」っていう問題を抱《かか》えておるけどさ。

まあ、日本も、憲法九条で動きが取れないから、安倍《あべ》君がいろいろな動きをしとるようだけども。韓国も、「南北朝鮮の統合は平和的手段で成す」という条項《じょうこう》があるわけで、戦争では統一できないことになってる。今のままだったら、北朝鮮ばっかりが武力を増やしてるわけだから、北朝鮮が南を統合することはできるが、韓国が北を統合することはできないわけよ。

これは、北朝鮮が崩壊《ほうかい》しないかぎりは統合できないということだけど、今のところ、三代目が頑張《がんば》っとるから、このままでは統合はできないよな。だから、「経済

●「南北朝鮮の統合は平和的手段で成す」　大韓民国憲法の第4条には、「大韓民国は統一を指向し、自由民主的な基本秩序に即した平和的統一政策を樹立してこれを推進する」とあり、祖国統一を平和的な方法で成し遂げる意志が示されている。

制裁で、本当にもう国が潰《つぶ》れる」というんだったら、それは、勝手に自壊《じかい》して統合できるけど、韓国は、それ以外にないわけよ。
もう一つは、アメリカが北朝鮮と戦って、そして、（北朝鮮を）韓国にくれるっていうんなら、あるだろうけどな。だけど、その場合は、アメリカも、まだ核《かく》戦争の危機もあれば、中国との関係やロシアとの関係も調整せないかんからなあ。

里村　はい。

金日成　だから、まあ……、いやあねえ、やっぱり、南北の統一には金が要るんだよ。金がかなりなあ。まあ、おそらくは、百兆円単位の金が必要だと思うんだ、統合するのに。たぶんなあ。

里村　はああ……。

金日成　日本はお金が余っとるんだろう？　お金が。出せ！　出せ！

里村　なるほど。日本との平和条約は、そこに狙《ねら》いがあるわけですか。ゴールが。

北朝鮮《きたちょうせん》と韓国《かんこく》を平和裡《り》に統合する方法とは

金日成　うーん、だからねえ、わしは勉強しとんだよ。「マイナス金利」とか言うて、金をな、「（金利が）安くてもいいから幾《いく》らでも出す」って言ってるのに、借り手がないんだろう？

だから、使ってやるからさあ。国を再建して、発展するまでの間、猶予《ゆうよ》してくれれば、いずれ返してやるから。

まあ、日銀の黒田《くろだ》総裁か？　貸し先がないんだろう？　だから、朝鮮《ちょうせん》半島に貸しなさい。

どのくらい要《い》るかなあ。まあ、全部やり直すとしたら、かなり費用は要るけど、まあ、「五百兆」ぐらいかな。「五百兆」ぐらい、無利子で貸してくれて、三十年後《ご》払《ばら》いぐらいにしてくれれば、その間に経済発展が……。

里村　（苦笑）ちょっと大きく見積もりすぎではないでしょうか。

金日成　いや、そんなもんだよ。

里村　韓国《かんこく》と北朝鮮のＧＤＰ（国内総生産）を足しても……。

金日成　いやあ、（日銀は）そのくらいばら撒《ま》きたいと思ってるのは分かってる。アジアの国やアフリカ、まあ、いろんなところにばら撒こうとしてるけど、それはやっぱり、〝集中投下〟しないと効果はないわけよ。

里村　その場合は、事実上、もう一度、朝鮮半島を日本に併合《へいごう》するという……。

金日成　そういうことだよ！　わしの提案はそういうことなんだよ。

里村　はあー。

金日成　事実上、君たちをもう一回、名誉《めいよ》的なもんだけども、「〝名誉宗主国《そうしゅこく》〟に立ててやるから五百兆円出せ」と。

里村　ほお。

金日成　そうしたら、北朝鮮と韓国の統合は、平和裡《り》になしても、まあ、できることはできる。

里村　その場合、日本側から、政体、つまり政治の体制のあり方について、意見できる、と。

金日成　もちろんそれは、君たちは、〝二階席〟から意見を言うことは可能だ。

里村　〝二階席〟から？

金日成　もちろん、そうだ。

里村　（苦笑）〝内野の、フィールドのなか〟では？

金日成　やっぱり、「●主体思想《チュチェ》」は大事だからね。まあ、自立して、政治、経済、外交はやらなきゃいけないから。

だから、〝一階席〟では、われわれが話し合わなきゃいけないけど、君らは〝二階席〟から傍聴《ぼうちょう》しながら、まあ、ちょっと、日の丸を揚《あ》げたり下げたりするぐらいは可能だ。

綾織　先ほどからおっしゃっている「平和裡に統合する」というのは、「北朝鮮が持っている核ミサイルによって脅《おど》して、言うことをきかせて」ということですか。

金日成　いや、武装は十分なんだよ。武装は十分なんだけども。

だから、三日もありゃあ、そらあ、ソウルは落とせるよ。実際上は落とせるんだけども。

●主体思想《チュチェ》　金日成が唱道した思想のこと。民族の自主性を維持するために、政治、経済、思想、軍事のすべてにおいて自主・自立を貫きつつ、人民は絶対的権威に服従しなければならないとする。

綾織　はい。

金日成　いったん戦争が始まったらなあ、それは、経済の消耗《しょうもう》は続くからさあ。それと、後始末《あとしまつ》まで考えると、お金の問題はかなり出てくるからさあ。

君らから、五百兆円ぐらいの融資《ゆうし》の支援を取り付けとけば、戦争ができるわなあ。

話が大きいだろう? やっぱり、「初代」だから。

アメリカや中国よりも「日本がいい」

里村　いや、最初から、国際社会に大変な一石を投じるお言葉を頂きました。

金日成　そらあねえ、君ねえ、「建国の父」を軽く見たらいかんのだよ。大きいんだから。

36年前に開催された第6回朝鮮労働党大会の夜会に臨む金日成労働党総書記（中央）と金正日氏（右）（1980年10月8日撮影）。

里村　いや、よもやですねえ、日本との平和条約で、そして、日本の支援の下《もと》に、ある意味で、朝鮮半島を復活させる、という……。

金日成　いや、日本がいい。私は、「日本がいい」と思う。だから、もう一回、アメリカに牛耳《ぎゅうじ》られるっていうのは、ちょっとかなわんなあ。これは、何するか分からないし。

やっぱり、中国っていう国も、あんまり信用ならないな。今は、ちょっと欲が出てきてるからさあ。あれは、隠《かく》れた欲を持ってるけど、あの欲は、うちを利用するだけかもしれないからさあ。盾代《たて》わりに使おうとしてる感じはあるから。

どうも、中国はなあ、アジアやヨーロッパ、アメリカや日本の憎《にく》しみを、北朝鮮に集めようとしているように見えるんで。うちだけを袋叩《ふくろだた》きにして、中国は〝西側のフリ〟して逃《に》げようとしている可能性はあるからさあ。

だんだん、経済援助は細《ほそ》りつつあるしねえ。こいつは、もうひとつ信用し切れないんで。

里村　おお。

金日成　ロシアも触手《しょくしゅ》は伸《の》ばしているとは思うけど、ただ、うちとの貿易だけで経済が持ち直すとも思えないから。

まあ、囲み取りされるぐらいだったら、それより先にこちらが血路《けつろ》を開かなければいかんからなあ。

だから、日本との融合《ゆうごう》がいい。

綾織　血路を開かなければならないような状況《じょうきょう》に置かれているわけですね？（笑）

金日成　笑いながら言わなくても。深刻な話だからさあ。

綾織　いえ、いえ、いえ。

金日成　笑いながら言わなくってもいいよな。

綾織　深刻な状態なわけですね？

金日成　うん。だから、国が厳しい状態では、そういう交渉はもう不可能だから。今、党大会をやって盛り上がってるときだからこそ、強気で交渉は可能なわけだ。

綾織　なるほど。

4　金正恩《キムジョンウン》の「水爆《すいばく》実験」は裏目に出たか

日本に朴槿恵《パククネ》大統領を牽制《けんせい》させようとする金日成の霊《れい》

加藤　「日朝国交正常化」は……。

金日成　やるべきだね！

加藤　もちろん、やはり真剣《しんけん》に考えなければいけないテーマだとは思うんですよ。

金日成　まあ、ロシアより先に、まずは、北朝鮮《きたちょうせん》と平和条約をバシッと結んでしまおう。

加藤　ただ、今の北朝鮮の体制からは、「日朝国交正常化をしよう」というようなメッセージは、まったくというほど出てきていません。

金日成　うん、それはまだ若いからね。そう大局的な交渉《こうしょう》は、まだできないわけよ。

里村　一部では、「モンゴルのほうで、日朝が水面下で交渉している」という話も出たりはしているんですけれども。

金日成　うーん、まあ、そういう迂回《うかい》では、なかなか難しいが。ズバッと〝直球〟で行かないと無理だからさ。韓国《かんこく》の朴槿惠《パククネ》は大嫌《だいきら》いだろ？　君らね。（質問者を順に指しながら）大嫌い、大嫌い、大嫌い、だな？

里村　別に、嫌いとか、そういうことではないです（苦笑）。好き嫌いではございません。

金日成　だから、好きじゃない。嫌いだ、嫌いだ、嫌いなんだ。

里村　いえ、いえ、いえ。

金日成　はっきりしたほうがいい。意見はね、「イエス・オア・ノー」なんだよ。はっきりしないと、アメリカに嫌われるよ。

だから、イエス・オア・ノーで、「嫌い！」ってはっきりして、北朝鮮に近寄ることで、朴槿恵を牽制《けんせい》できる。

あれね、今どきね、「従軍慰安婦《じゅうぐんいあんふ》だ何だ」、ああいう〝時代がかった〟ものを出してね、そんなんで交渉するってのはね、同盟国として絶対に許せない行為《こうい》ですね。

里村　そうだったんですけれども、まさに、金正恩第一書記（注。収録当時。金正恩は五月九日、第七回朝鮮労働党大会において党委員長に就任）の「水爆《すいばく》実験」で、状況《じょうきょう》がかなり変わってましてね……（苦笑）。

金日成　そう？

いや、〝君たちの管理してる水爆〟だと思えば、どうってことないじゃないの。

里村　いや、いや。

「核《かく》は日本と共同管理する」

加藤　今の金正恩第一書記は、日朝国交正常化を真剣にやろうと考えているのでしょうか。金日成主席は、そういうご指導をしているのですか。

金日成　いやあ、わしのこの意見を出せばね、在日の人はいっぱいいるからね、情報は必ず「北」に入るから。本が出たら、三日以内には、もう情報は「北」に入ってるから。必ず入るから。

これで出れば、ちゃんと入るから大丈夫《だいじょうぶ》。もう、ルートはできてる。君らが言ったことは全部、情報としては入ってるから、あっちに。いちおう、外交分析《ぶんせき》されてるから。わしの言葉が伝わるから、すぐに。

だからね、やっぱりこれ、今、チャンスなんだよ。今こそ逆に仕掛《しか》けなきゃいけないときで。

いや、君らにとっては、（幸福実現党の）立党の趣旨《しゅし》は「北朝鮮の核《かく》武装（に対する国防強化）」だろ？

加藤　七年前の立党のときですね。

金日成　これを、あなたねえ、「武装解除しようとしてる」って、これはすごいことだよ。〝無血《むけつ》武装解除〟が今できようとしてる。

里村　〝平壌《ピョンヤン》の無血開城〟ですか?

金日成　これはねえ、日銀総裁の心とも一致《いっち》してる。金を使いたいけど、使い場所がないんだろ?

綾織　武装解除をされようと思っているんですか。

金日成　いや、だから、日本の日章旗も立ててやるよ。

里村　ほお。

綾織　核を放棄《ほうき》するお考えですか。

金日成　いや、放棄はしない。放棄なんかしない。

里村　日本管理のもとに移す？

金日成　そらあ、日本とねえ、共同管理するから。

里村　日本と共同管理ですか（苦笑）。

金日成　うん。核を放棄しない。核を持っといたほうが、やっぱり、それはねえ、中国や韓国に対して威嚇《いかく》することができるから、日本にとっての国防上の安全が高まる。

里村　そうなると、当然、日本側から北朝鮮に、「複数政党による議会制民主主義への移行」という要望が出ます。金正恩第一書記や、今回の北朝鮮労働党大会で呼び方が変わる可能性もあるんですけれども、こうした今の体制を変える用意はあるということですか？

金日成　いや、彼（金正恩）は、本当は日本が大好きだからね。

里村・綾織　（苦笑）

金日成　ほんと日本が大好きだから。まあ、じいさまとしてはだねえ、彼がフリーパスでね、東京ディズニーランドに行けるような世界をつくってやりたい。

これが、〝輝《かがや》ける未来〟だわな。

そういうふうに、こんな近い国なんだからさ。かつての宗主国《そうしゅこく》じゃないか。だから、私だって日本語ぐらい、ちゃんと勉強してんだからさあ。それは、やっぱり日本に頼《たよ》るべきだよなあ。

最大の外交は、敵を味方に変えること？

里村　そうすると、金《キム》王国という事実上の王国が、朝鮮半島からなくなるという、そこまでも……。

金日成　いや、なくならない、なくならない、なくならない。なくならない。いちおう君たちは、ハングルはあんまりしゃべれないから、それはなくならない。なくならないけど、まあ、武力としては、「北」がな、完全に持ってるから。トランプ氏は、次、韓国と日本から米軍を撤退《てったい》させるからさ。金《かね》をくれないから。

彼はビジネスマンだろ？　だから、お金の算用《さんよう》だけしたら、アメリカの軍事費が高すぎるから、これは経費節減したいからな、もう引き揚《あ》げるから。

「引き揚げたらどうなるか」っていうと、北朝鮮がほんとは韓国や台湾《たいわん》、日本に対するだなあ、事実上、いつでも支配できる体制に入るわけよ。

まあ、日本の国体が変わってな、日本が、そらあ、核装備したりさ。まあ、いろいろした場合は、ちょっと話が違《ちが》うかもしらんけど、今の感じから見たら、そんな簡単にいかない。

だってさあ、あんなに「憲法九条」を神のごとく愛してる人たちがいっぱいいるんだから、その国民の気持ちは大事にしなきゃいけないわな。

だから、君たちが、そういう〝平和主義〟の人たちの気持ちを生かしながら、秘密裡《り》にですなあ、隠密《おんみつ》外交をするわけよ。

里村　それは、ポーカーで言いますと、「いい手札《てふだ》を自分が持っているように、一《いっ》生懸命《しょうけんめい》おっしゃりながら」という感じがしないでもないのですけれども（苦笑）。

金日成　だから、幸福実現党の管理下にさあ、北朝鮮の水爆があるっていうのは、いい気持ちしないか？

里村　いや、別にそんなことはないですよ。

金日成　ええ？　国防上も、いいじゃない。

里村　私たちの望みは、地球の絶対的な平和の樹立ですから……。

金日成　いや、最大の外交は、君ね、敵を味方に変えることなんだよ。敵をねえ、もっと敵にして追い込《こ》んでいくっていうのは必ずしもいい作戦じゃない。もう「窮《きゅう》鼠猫《そねこ》を嚙《か》む」……。

里村　ただ、私どもは、「敵を味方にする」というよりも、「獅子《しし》身中《しんちゅう》の虫を持ちたくない」というところもありますので……（会場笑）。

金日成　だから、身中にいないもん。

里村　（苦笑）それは、これからお伺《うかが》いしていきたいと思うのですけれども……。

金日成　いやあねえ、君たちに完全管理されるつもりはないけども、大債権者《だいさいけんしゃ》、銀行として君たちを認めてやりたいから。〝アジア開発銀行〟として君たちを認めるから。北朝鮮に五百兆円ぐらい支援《しえん》してくれれば、韓国を併合《へいごう》する力はあるから。

中国との関係を、どう考えているのか

加藤　金正恩体制になってから、北朝鮮の最大の後ろ盾《だて》、スポンサーでもある中国との関係が、特に習近平《しゅうきんぺい》指導部との関係が、かなり厳しくなってきているように感じます。

実は、そのあたりは、けっこう主席も心配というか、危惧《きぐ》していらっしゃるのではないですか。

金日成　いや、結局ねえ、隠《かく》してるところがあるんだよな。習近平はなあ、本当は「国内経済」がうまくいってないのをねえ、張子《はりこ》の虎《とら》を大きく見せて、あるように見せてねえ。ガーッとアジアからアフリカ、ヨーロッパまでな、「貿易ルート」を開こうとして、銀行みたいなのをまたつくって、日本と競争しようとしてやっとるじゃないか。あんなの失敗だよ。

●銀行　AIIB（アジアインフラ投資銀行）のこと。中国の習近平国家主席が提唱する、アジア向けの国際開発金融機関。「日米が主導するADB（アジア開発銀行）では賄いきれないインフラ整備のための資金ニーズに応える」ことを名目として2015年12月に発足した。

里村　はい。

金日成　もう見えてきたんだよ。失敗が見えてきてるから、今。本当は、ギューッと経済の〝紐《ひも》が締《し》まって〟きつつあるんだよ。だから、それを説明しないでやるからさ。北に対して冷たくなってきたように見せているんだけどな。

綾織　見せているだけですか。
実際、水爆実験、核実験のあとに、「中国がある程度、主導して制裁をかけている」という現状がありますし、「石油の供給の部分などが、だんだん細《ほそ》っている」という情報もあります。

金日成　いやあ、平壌《ピョンヤン》はタクシーが増えてね、大変なんだなあ、今。

綾織　平壌はそうですよね。あれは、やはり、繁栄《はんえい》しているように見せようと……。

金日成　うん、うん、どっかから石油が入ってこなきゃ、やっぱ無理でしょうねえ。どっから入ってくるんかなあ。

里村　やはり、主席が習近平に対して、一定の警戒心《けいかいしん》というか、そういうものを少しお持ちだったのは、以前の霊言《れいげん》のなかでも言葉に表れていたと思います。

例えば、「水爆実験」のように、この四年間で、ある意味で、「北朝鮮にとって望んだ方向に行っていた」というように見ることもできるのですけれども、「それが逆に働き出している」と……。

金日成　うーん、それは考えようだから、どっちとも言える。

里村　まあ、そうですね。ただ、私が言いたいのは、やはり、今年の一月の「水爆実験」以降、大きく世界が変わってきて、まさに、今、主席が危機感を高めていらっしゃるということです。

金日成　うーん、だから、国連の常任理事国の五大国以外は持っていない水爆をな、ドイツも日本も持っていない水爆を、北朝鮮が持ってるっていうことは、国際社会的には、どうにかして、何らかの答えを出さなきゃいかんだろうなあ。

里村　いやあ、もうギリギリだと思います。この労働党大会で、ある意味で、金正恩第一書記がカリスマ性を確立したら、もう本当に、アメリカなどが……、まあ、オバマ大統領ができるかどうかは分かりませんが、最終手段に出る可能性は高いと思います。

金日成　中国だってさあ、あんまり意地悪するんだったら、「いざというときは刺《さ》し違えるぞ」という姿勢を見せたら、それは震《ふる》え上がるわなあ。

里村　北朝鮮としては〝刺し違える〟と……。

金日成　うーん、いやあ、別に「地続き」だからさあ、どういうかたちででも使えますからねえ。それは、空から飛んでくるとは限らないからねえ。どんなかたちでも、それはやれますからね。運べますからねえ。それはねえ、いやあ、分かりませんよね。

5 「日本の核《かく》装備論」について訊《き》く

「幸福実現党とは紳士《しんし》的協定を結びたい」

里村　それでは、少し順を追って、主席が持たれている危機感の幾《いく》つかをチェックさせていただきたいんですけれども。

つまり、「水爆《すいばく》実験以降、シナリオが別の方向に動き出した」と……。

金日成　うーん……。別かなあ。推《お》し進めてる面もあるが、やり方を間違《まちが》えれば、一気に危機に陥《おちい》ることもある。まあ、そういうことだなあ。

里村　まず、そこで一点目ですが、「日本の核《かく》装備論」というものが日本国内から出てまいりました。大川隆法総裁が、実は、この二月に明確にされました。

金日成　まあ、「自衛隊が軍隊でない」って言ってる以上、そう簡単ではないでしょうねえ（笑）。それはそう簡単ではないけどさあ。

ただ、（大川隆法には）影響力《えいきょうりょく》があるからねえ、国論は何年かしたら、次第《しだい》しだいに動いてくる。そういう「国際的影響力」と「国内的影響力」を両方持ってらっしゃるからねえ。

里村　はい。

金日成　だから、まあ、ここと、一回、手を結んどかないといけないとは思ってるんだけどな。

綾織　押《お》さえ込《こ》みたい？

金日成　うん？

綾織　懐柔《かいじゅう》しておきたい？

金日成　懐柔というわけじゃなくて、対等の紳士《しんし》的な協定な？

綾織　紳士的？

金日成　安倍《あべ》君がねえ、北朝鮮《きたちょうせん》に来て平和条約を結ぶなんていうのは、なかなか実現しそうにないでしょう、彼が生きてる間には。今の日本の国政の状態から見たら、まあ、ありえない。ありえないですよ、うーん。

里村　いや、でも、要は、「ハッピー・サイエンスグループの力を利用したい」ということなんですね？

金日成　いや、君らがねえ、われわれと話し合うっていうかね、対等に話し合って、未来のために命を捧《ささ》げたいっていう気持ちを持ってるんだったら……。いや、そういう志《こころざし》のある団体だと思ってるから。

だったらさ、拉致《らち》した被害者《ひがいしゃ》は、まあ、二百人はいるよ、少なくともな。うん、もっといるかもしれない。

里村　ほう。

金日成　もう、全部返すよ、うん。

里村　全部返す？

金日成　だから、君（加藤）が連れて帰れる。これはねえ、もう、テレビでクローズアップされるよ。君が連れて、二百人ぐらい、ゾロゾロゾロゾロと。それを君が主導するわけだ。一国の首相ができないことをねえ。幸福実現党の幹事長が特別機で連れてきて、二百人ぐらい、ゾロゾロッと降りてくる。

これはねえ、もう、効き目抜群《ばつぐん》よ。「日本は、もう、政党政治は終わった」ということだな。

安倍《あべ》首相とプーチン大統領の交渉《こうしょう》をどう見ているか

加藤　話が戻《もど》りますけれども、先ほど、中国との関係でお伺《うかが》いした件です。今日は、奇《く》しくも、安倍《あべ》首相がロシアへ行ってプーチン大統領との首脳会談をしています。北朝鮮にとって、中国とロシアは二大後ろ盾《だて》というかたちでございますが、プーチン氏の動き方には微妙《びみょう》なところがあり、必ずしも北朝鮮をバックアップしているわけでもございません。そういった意味で、主席は、やはり、中国・ロシアという二大スポンサーの動向を気にされていて、先ほどから、「北朝鮮の行く末を心配していらっしゃるんだろうな」という感じがしています。

金日成　安倍さんの言論力だけでは、いきなりだねえ、今、欧米《おうべい》を敵に回してるロシアを抱《だ》き込みながら、欧米と仲良くやるっていうのは、そんな簡単にはできないでしょうね。

加藤　まあ、そこまでするのは、確かに難しいでしょうね。

金日成　だから、あんまり進展はしないな。おそらく、日本的な外交で言やあ、顔つなぎ程度？ 「追って、十分な議論をしたいから、とりあえず、伊勢志摩《いせしま》サミットにはお呼びしないけど、まあ、気ぃ悪くせんでくれ」ということで、まあ、ロシアとの関係はペンディング（保留）にして。「ほかの七カ国でやるけど、本心ではロシアを嫌《きら》っているわけではないからね」というシグナルを出して、サミットが終わってからロシアとやるぐらいの悠長《ゆうちょう》な考えだろうとは思うわなあ。

里村　ただ、四カ月前、金正恩《キムジョンウン》第一書記の守護霊《しゅごれい》は、日本とロシアの関係がよい方向に行くのを恐《おそ》れていて、「プーチンが怖《こわ》い」と言っていました（前掲《ぜんけい》『北朝鮮・金正恩はなぜ「水爆実験」をしたのか』参照）。

金日成　うーん、まあ、独裁者だからねえ。今、世界の独裁者でナンバーワンだろう。それはそうだろうと思うよ。

里村　ほうほうほう。

金日成　うん、彼がいちばん権力を持ってるわな、個人としてはな。

加藤　まあ、プーチン大統領という方は、なかなか強面《こわもて》な面もあるんですけれども、よく見ていくと、発信メッセージがかなり日本寄りというか、日本に対してさまざまなシグナルを発信しておられて、心情的には、やはり、「北朝鮮よりは……」というようなところを感じなくもありません。

金日成　今の状態で北朝鮮に擦《す》り寄っていくということは、●G8《ジーエイト》がG7《ジーセブン》になって、ロシア自体がだんだん先進国から切り離《はな》されていく流れに見えることは見えるな、外交上はな。

そう見えるから、どうしても日本とのパイプは残したいだろうね、おそらくな。

●G8とG7　G7とは、日本、アメリカ、イギリス、フランス、ドイツ、イタリア、カナダの七つの先進国のこと。1998年にロシアが加わりG8となったが、ウクライナ情勢を受けて資格停止となり、2014年以降はG7となっている。

里村　そうですね。

金日成　だから、それが分かっとるから、安倍氏がプーチン氏と交渉《こうしょう》してる同日、私は、幸福実現党と交渉しに来てるんじゃないか。

里村　うん、うん。

金日成　先手をどっちが……。だから、「先《せん》の先《せん》」だな。剣道《けんどう》で言う、先《さき》を取らないといかん。

里村　「トップ交渉」というわけですね。

ロシア南部のソチで会談するプーチン大統領と安倍首相（2016年5月6日撮影）。

金日成　ええ、ええ。安倍さんは「先の先」を取れないね。まあ、打ち込まれた「後《ご》の先《せん》」ぐらいだよね。打ち込まれたあと、切り返すぐらいまでかな。こっちは「先の先」を取りにきてるんだ。

朴槿恵《パククネ》大統領批判を展開する金日成の霊《れい》

綾織　そういうふうに動かれる背景にある部分を、ぜひ、もう少し知りたいなと思うのですが。

金日成　やっぱりね、私は、あの朴槿恵《パククネ》ね。朴槿恵は、日本人を敵に回したと思うね。産経の支局長を逮捕《たいほ》するとか起訴《きそ》するっていうことはね、文明国家としてあってはならんことですよ。

綾織　それは、そのとおりだと思いますけどね（笑）。

金日成　かつての宗主国《そうしゅこく》である日本に対して、あんなことをしたらねえ、それはもう、戦争を仕掛《しか》けられたってしかたがないことですからねえ。それが分からないっていうほど、舐《な》め切ってるわけですから。
あれには「制裁」が必要ですよ、絶対に。

里村　ああ、制裁が。

金日成　やっぱりねえ、産経新聞社の屋上からねえ、ミサイルを撃《う》つべきですよ。

綾織　まあ、日本人を拉致《らち》するよりは、まだまともな国だと思いますけれども。

金日成　いや、あんなの法治《ほうち》国家とは言えんでしょう。もう、どうにでもなるんですからねえ。

里村　まあ、北朝鮮も、それを言えるほど法治国家かどうか、というところは（笑）。

金日成　そんなもんねえ、自分とこの客船が引っ繰《く》り返ってさあ、子供が何百人も溺《おぼ》れて死んで、その間に七時間もねえ、国政を空《あ》けて、ボーイフレンドといいことしとったっていう、その真実を暴《あば》いたわけで。その真実のジャーナリストはね、ピューリッツァー賞だよな？

里村　いえ、「噂《うわさ》」として書いたんですが……。

金日成　それをねえ、君ねえ、名誉毀損《めいよきそん》で捕《つか》まえて、放り込んで、訴《うった》えて。もう、あわよくば死刑《しけい》にでもしたろうかっていうようなことだから。まあ、あれは文明国ではない。完全に脱落《だつらく》している。

綾織　それはそうだと思いますが、一方で、北朝鮮のほうも、必ずしも文明国とは言えません。

金日成　（北朝鮮は）今、メディアには、今日、〝開いてる〟んだよなあ。

里村　いや、今、朴槿惠大統領の話をされましたけど、朴槿惠大統領によって、日本と韓国《かんこく》の間に、本当に亀裂《きれつ》が入りました。

金日成　そうだ。そのとおりだ。

里村　また、去年、韓国は、中国あるいは北朝鮮に寄っていくかどうかという状況《じょうきょう》まで、一度、できようとしてたんです。

ところが、金正恩第一書記の強硬策《きょうこうさく》によって、韓国で危機感が高まり、日本との亀裂が修復する方向になってきました。

金日成　そういうやつがねえ、やっぱり信用ならない。そういうやつはねえ、一般《いっぱん》的には、バカという。

里村　バカとは、誰《だれ》のことですか。

金日成　いやあ、朴槿惠です。「バカにつける薬はない」って、まさしくそれを言うんです。そういうやつは、もう駄目《だめ》だな。信用ならんわ。

里村　私がお伺いしたいのは、「ここで、金正恩第一書記は、ちょっと失敗したんじゃないか」ということです。

金日成　え？　何が？　それ、失敗してない。うちは既定路線《きてい》でやってますから、大丈夫《だいじょうぶ》です。

綾織　いや、既定路線ですけれども、その後、起こってきているのは、ミサイル実験を何度かやって、結局、ムスダンの……。

金日成　だから、韓国を怯《おび》えさせてね、反日行動できないようにさせてやってるんじゃないですか。君たちを〝応援《おうえん》〟してるんだ。

里村　まあ、別に、「反日行動できないようにしてあげてる」って、恩着せがましく言われるあれはないんですけれども（笑）。

「日本が核《かく》ミサイルを二年以内につくれることは分かっている」

綾織　まあ、その後について、ちょっと見ていきたいんですけれども。ムスダンの発射実験に失敗していますし、潜水艦《せんすいかん》発射のミサイル実験にも失敗しました。

金日成　いや、失敗してないよ。成功した写真、流してるじゃん。

綾織　いや、撃つところまではいいんですけども、途中《とちゅう》で爆発してるというようなことがあります。

金日成　いや、そんなことないよ。だって、日本に撃ち込んでも、韓国に撃ち込んでも、やっぱり、戦争は始ま

朝鮮労働党70周年を祝う軍事パレードに登場した、「ムスダン」とみられる中距離弾道ミサイル（2015年10月10日撮影）。

るからね。
まあ、ちょうど、アメリカと韓国の合同軍事演習をやってたからさ。あんまり、命中するとこ見せちゃ、始まるといけないからさ。今回、ちょっとだけ抑《おさ》えたんだ。

綾織　ただ、軍事専門家の分析《ぶんせき》では、「これだけ失敗が続いているということは、ミサイルの構造そのものに欠陥《けっかん》があるのではないか」と。

金日成　そんなことないよ。人工衛星と称《しょう》して、宇宙に出して、地球を周回させられる力があるんだから。別にそれは大丈夫ですよ。

里村　まあ、自分で「称して」って言うのも（笑）（会場笑）。

金日成　ハハハ（笑）。

いや、だから、日本も人工衛星を打ち上げられるからさ、持ってるじゃないか。日本もあれに核弾頭《かくだんとう》をつけたらさあ、弾道ミサイルをつくれる。二年以内につくれるのは分かってるんだよ。

だから、そちらに踏《ふ》み切られると困るわけよ。

里村　困りますか。やっぱり、困りますよね。

金日成　いやあ、二年でつくれるから、日本は。いわゆる、弾道ミサイルの本体に当たる、北がやってるあれと同じの、まあ、人工衛星を打ち上げられるっしょ？頭に、小型化した核をつけられる。

綾織　はい。

金日成　今、東日本大震災《だいしんさい》でプルトニウムが余っとるからさあ。何か、やりたくなってくる衝動《しょうどう》にかられる可能性があるじゃない？　「どこに持っていくか」なんて、困ってるからさ。

持っていく先を決めてしまったら、ちょっと困るわけよ。「それを（ミサイルに）つけて、北朝鮮に全部、送りつけよう」なんて言われたら困るからさあ。

6　北朝鮮《きたちょうせん》が危惧《きぐ》する「トランプ大統領」の登場

「トランプ、プーチン、日本の三角関係がうまくいくと困る」

里村　ただですね、アメリカで、トランプ氏が共和党の大統領候補になって、そして、もし当選するということになると、「日本の核《かく》装備論」のほうにグーッと進むと思います。

一方、「自分の国は自分で護《まも》れ」っていうのが、トランプ氏の主張ですから、当然、日露《にちろ》関係もグーッと進展してきて、日本とロシアの間で、安全保障を含《ふく》む関係が強化される可能性があります。

金日成　そうなんだ。トランプと、ちょっとなあ、プーチンとは気が合うらしいんで。

里村　そうなんです。そこもあります。

金日成　ちょっと危ない。これ危ないなとは思うてるよ。「トランプ」、「プーチン」、それと「日本」、この三角関係が、もしうまくいったら、ちょっと大変なことになるなあとは思ってる。

里村　ほう、ほう、ほう。

加藤　実際、そのような事態を予感として感じられてるんですか。

トランプ氏の本心を明らかにした『守護霊インタビュー ドナルド・トランプ アメリカ復活への戦略』（幸福の科学出版刊）。

金日成　うーん。まあ、だから、トランプがさあ、もし、「日本なんか、護る気ねえよ。自分で護れ」と言い出したら、ほんと困るわねえ。

民進党なんか、自動的に壊滅《かいめつ》しますよ。選挙なんか必要ないんですよ。壊滅しますよ、完全になあ。

綾織　では、「日本の自主防衛路線」というのを、いちばん懸念《けねん》されているわけですね？

金日成　だから、われわれも、日本の領土に落ちないように気をつけて撃《う》ってるわけよ。

里村　（笑）

金日成　撃って急に（戦争が）始まったら、そんときは……。安倍《あべ》君が、それを待ってんだろ？　そのくらいは知ってるからさあ。

里村　「最初の一発」ですか。

金日成　いちおう、それはちょっと外《はず》してるわけで。上手に外してるわけなんで。

加藤　潜水艦《せんすいかん》発射型の弾道《だんどう》ミサイルなどは、やはり、いちばん高度な技術です。そうしたものが開発され、実戦配備されると、どこから発射されるか分かりませんし、これはわが国の安全保障上、本当に怖《こわ》いものだと思っております。

金日成　そうだね。

加藤　ただ、失礼ながら、「実際、今の北朝鮮《きたちょうせん》の技術力では、ここまで達するのは厳しいのではないか」と、世界は見ています。

金日成　いや、君ねえ、まだ甘《あま》いなあ。神風特攻隊《かみかぜとっこうたい》っていうのがあるのを知ってるの？　そのスタイルで行けば、やれなくはないんだよ。北朝鮮の人民や軍人なんていうのは、命令すれば、旧日本軍人みたいにすぐなりますからねえ。

里村　うーん。

金日成　それはもう、潜水艦ごと、どっかで爆破《ばくは》すればいいわけだから。死んでもらえばいいわけで。

トランプ氏に対する評価とは

里村　〝神風〟の前の話になりますが、要するに、「日本」と「ロシア」と「アメリカ」、つまり、プーチンとトランプとのトライアングルの関係というものが、やはり一つの大きな懸念であるわけですね？

金日成　うん。ちょっと気にはなるねえ。
安倍氏で、そこまで行けるかどうかは、私は知らんが、ただ、君たちの考え方は、非常にビジネスマン的に攻《せ》めてくるのに対して、けっこう〝速いレスポンス〟をするからさあ。

里村　はい。

金日成　国が動き始めると怖いし、日本のマスコミも、外圧にちょっと弱いからねえ。ほんと、急に震《ふる》え上がるんじゃないかねえ、「米軍基地全部、引き揚《あ》げるぞ」と言われたらさあ。

里村　いや、大変なことですよ。アメリカの……。

金日成　「なんで、アメリカが北朝鮮と核戦争しなきゃいけないわけよ。日本がやれよ。日本は自分のリスクでやれ」って言われたらねえ、それは困るっしょ？

里村　だから、大変なことが起きてるんですよ。アメリカの大統領候補が、「日本が米軍の駐留費《ちゅうりゅうひ》を全額持て。嫌《いや》なら、自分たちで護れ」と。あるいは、「日本も核装備をしたら？」と。こんなことを言う時代になるというのは、どうですか。主席は想像がつきますか。

金日成　いや、まあ、彼（ドナルド・トランプ）は頭はいいよ。

里村　ほお。

金日成　確かに頭がいいと思うよ。だから、「アメリカが戦争して、敗戦国だった国を護ってやってたのは、四十年ぐらい前で終わった」と言ってるんでしょ？

里村　ええ。

金日成　要するに、「四十年前の考えだ」と。「これだけ世界のトップレベルまで発展した国は、自分の国のことぐらい自分でやれよ」と。

里村　うんうん。

金日成　こんなの当たり前のことだよなあ。「ほかの会社の借金を払《はら》わないかん理由はない」っていう感じか、「ほかの会社の警備を、うちから警備員を雇《やと》って送る必要はない」と。まあ、そういう考えは、当たり前のことだから。「当たり前の国」にしようと言ってるわけでしょ？

それに対して、日本のマスコミと日本の反戦平和団体と民進党は、「日本が普通《ふつう》の国になったら困る」と、こうおっしゃっているわけなんでしょ？

里村　そうなんです。

金日成　韓国《かんこく》も、そう言ってるわけでしょ。「日本が普通の国になったら困る」と。

●民進党は……　2016年5月3日、民進党は憲法記念日に合わせて代表談話を発表。そのなかには、「今夏の参議院選挙で安倍自民党政権が勝利すれば、憲法9条を改正して集団的自衛権を制限なく行使可能とすることは確実で、日本は『普通の国』へと突き進むことになる」と書かれていた。

加藤　ただ、主席もご存じのように、日本の国論というのは、確かに、なかなか変わらない面もあるのですが、一方、「変わるときは早い」ですから。変わるときは、一気に自主防衛強化路線に入っていくこともあると思うんですね。

金日成　さあ、どうかなあ？　まあ、知らんけど。いやあ、だからね、北朝鮮はねえ、君らとだったら交渉《こうしょう》してもいいなあと思うんだ。

加藤　（苦笑）

金日成　だから、君らと交渉してパイプを開ければ……。

ヒラリー・クリントン氏について、どう見ているか

里村　分かります。今日は、それを何度もおっしゃっているのですが、われわれとの交渉の前に、主席は、もし、アメリカの大統領がヒラリー・クリントンになったら、どうなると考えていらっしゃいますか。

金日成　ヒラリー・クリントンとなった場合は、まあ、夫のクリントンが（大統領を）やってたわなあ、八年間なあ。

里村　ええ。

金日成　日本は、その後、二十年以上の経済危機に見舞《みま》われとるんだろ？　あれはクリントンがまいた種だよ。まだ君たちは、その事実を、はっきりと説明できない

でいるようだけど、クリントンの八年間で、中国が大きく飛躍《ひやく》する種をまいて、日本を封《ふう》じ込《こ》める。

里村　はい、そういうことです。

金日成　要するに、その前の敵が日本だった。仮想敵で、日本は世界のナンバーワンだけど、トップを目指して、もう、アメリカ全土を買い占《し》められるぐらいの力を持とうとしてたところだから。「日本の経済を崩壊《ほうかい》させる」っていうのが、「アメリカの国家戦略」だったわけよ。

里村　うんうん。

金日成　国防上、日本を崩壊させる必要があったわけだから。九〇年代の日本崩壊のシナリオを、かっちり持ってたのは、夫のクリントンですよ。

里村　ええ。

金日成　奥《おく》さんとして、それをサポートしてたのは彼女ですからね。「それをやった人がねえ、正反対のことをやれるかどうか」っていったらねえ、そりゃあ、そう簡単にはいかんのじゃないか。考え方は基本的には似てるでしょ。

里村　何しろ、主席がまだ、この地上にいらっしゃるときに、ビル・クリントン大統領とはご因縁《いんねん》がございましたからね。

金日成　うん。

里村　一九九三年の、いわゆる「北朝鮮の核危機」のときに、ジミー・カーター元大統領が平壌《ピョンヤン》に飛んで、金日成主席に会われています。

金日成　会ったなあ。

里村　あのときは、「もし、北朝鮮が核開発を放棄《ほうき》しないなら、アメリカは核攻撃《こうげき》すらも考えた」という、当時の情報が、今、出ていますけれども。

金日成　いや、それはねえ、まあ、やれるとは思ってなかったけど。もし、次、トランプが出てくるんだったら、やる可能性だってあるんだよ。あいつはねえ。

北朝鮮の核拡散防止条約（NPT）脱退宣言などで緊張が高まるなか、同国を訪問したカーター元米大統領（中央）は金日成国家主席と会談し、核開発凍結の合意に至った（1994年6月17日撮影）。

ヒラリーはできないと思う。核攻撃はしない。ヒラリーはたぶんできないと思う。民主党はできないんだよ。

里村　はい。

金日成　だから、あいつはねえ、あのトランプは、「戦略核」はともかく、「戦術核」ぐらいは使ってもいいと思ってるところがあるので。

里村　ほう。

金日成　あんまり長引かせたり、経済的に損な戦いをしたくはないから。（北朝鮮は）今、国威発揚《こくいはつよう》のために、金をかけて、平壌に大きいビルをいっぱい建てて、マンハッタンみたいに見せるようにやっとるけど、「戦術核」ぐらいで、

●戦術核　個々の戦場での使用を想定された核兵器のこと。敵軍の部隊、陣地などを攻撃するものであり、射程距離が500キロ以下の核ミサイルや核爆弾などを指す。

あのあたりを一瞬《いっしゅん》にして粉々にできるからさあ。平壌市内だけ破壊すれば、だいたいダメージとしては十分だろうから、全国土をやる必要はない。

里村　なるほど。

金日成　だから、あの市内のビルを破壊するぐらいのやつをやる可能性はあると思う、彼は。

オバマ大統領が目指したのは北朝鮮《きたちょうせん》のような〝平等の国〟か

里村　そうしますと、やはり、主席としても、実際に、予備選でのトランプ氏の勝利がほぼ確定したあたりで、危機感がまた非常に高まっているわけですね。

金日成　うん、まあ、そらあそうだよ。やつは気が短いから。やるときはやるよ。

里村　要するに、ビジネスマンとしては勝負が早いほうが……。

金日成　ただ、気が短いっていうか、頭の回転は速いからね。

里村　はい。

金日成　やるときはやるだろうね。

綾織　そのへんのご懸念は、金正恩《キムジョンウン》第一書記とも共有されているのでしょうか。

金日成　いや。ちょっとまだ、そこまで行ってないかなあ。まだ陶酔《とうすい》してるのでなあ。自分の手柄《てがら》に陶酔して、周りがイエスマンで固まってるからなあ。

綾織　それをご心配されているわけですね？

金日成　持ち上げられたら、その気になって、それはもう、「韓国、日本、アメリカ、何するものぞ」と思っとるだろう。若いからなあ、なんせ。

加藤　まだ若くて、そのあたりまで危機が分からないということですか。

金日成　なんせ若いからなあ。

里村　ですから、そこにも計算違《ちが》いがあったのではないでしょうか。

金日成　また、オバマが発信するものが悪いよな。

里村　（笑）

金日成　あれがノーベル平和賞をもらってからあと、「核のない世界へ」って、一《いっ》生懸命《しょうけんめい》言うからさあ。やっぱり、「アメリカは戦闘《せんとう》意欲がない」と見ちゃうよなあ。

里村　なるほど。

幸福実現党の及川《おいかわ》外務局長によれば、アメリカでも、それまで、ノースコリアというのがどこかということは、あまり知られていなかったようです。ところが、「ノースコリアの金正恩第一書記の水爆実験成功」のニュースが、連日、マスコミのトップを飾《かざ》るようになったそうです。

金日成　うーん。

里村　そのへんに対する、オバマ大統領の、あまりの能天気《のうてんき》ぶり、平和ボケぶりに対して、アメリカ人、特に共和党支持者たちが、トランプ氏のほうに寄っていったというような流れもあります。それを見ると、やはり、やりすぎだった……。

金日成　うーん、まあ、実際上、正恩は、「グアムの基地でもアラスカでも、もう攻撃はできるし、何ならワシントンでもニューヨークでも攻撃できるぞ」という強気な態度を示してるわけね。

だから、オバマ氏がさあ、何て言うか、引き技《わざ》ばっかり見せるからさ。なんか、もう、ほんと、憲法九条みたいな男だからさあ。

里村・加藤　（笑）

金日成　アメリカが退《ひ》いていくような感じのね。「もう核は捨てて、平和の世界にする。アメリカ一国のこと、国内のことを考えて、国内の平等を実現する」っていうのは、つまり、北朝鮮《きたちょうせん》みたいな国になりたいっていうんだろう？　オバマは。

里村　（笑）まあ、そのようには、明言はしていませんけれども。

金日成　北朝鮮みたいな平等の国なんですよ。ほんとに。中国は、もう平等じゃないんですよ。今、非常に「不平等な国」になってるんですけど。アメリカは「平等の国」を目指してて、北朝鮮を目指したいっていう発信が、オバマから出てるわけよ。

里村　なるほど（笑）。

加藤　ただ、とにもかくにも、オバマさんも、あと数カ月で退陣《たいじん》ですからね。

金日成　ええ、だからね、（オバマは）核戦争をする気なんか、毛頭《もうとう》ありませんよ。だって、「核のない世界」を目指してるんでしょう？

里村　ええ。

金日成　核戦争できるわけないじゃない。だからさあ、金正恩のほうは、「こちらは攻撃できるぞ」というふうに威嚇《いかく》したら、オバマが恐《おそ》れてると誤解してる感じが、ちょっとあるんだよ。

里村　それはそうですよ。核兵器廃絶《はいぜつ》でノーベル平和賞を取った大統領が、任期中には絶対に使いません。

金日成　それは駄目《だめ》だわな。撃てるわけないよなあ?

里村　撃てるわけがないです。

金日成　だから、今、脅《おど》し放題なんだよな。

里村　ただ、それにやや乗っかりすぎている金正恩第一書記のことが、少し心配だということでしたね。

金日成　まあ、国民も、今はある程度、押《お》さえてはいるから大丈夫《だいじょうぶ》だと思う。ただ、外国のメディアまで入れて操作しようとしてるけど、外国のメディアは、また、それなりにうるさいからねえ。

里村　ええ。

金日成　（外国メディアに）見せると、やつらは「見てないようで見てるところもある」からさ。何か〝見つけ出す〟かもしれないから、ちょっと危険だわな。

7　金日成が語る「金正恩《キムジョンウン》の弱点」とは

経済制裁が効《き》いてくると金正恩《キムジョンウン》は「短期決戦」に走る恐《おそ》れも

綾織　今日、党大会を迎《むか》える金正恩《キムジョンウン》第一書記の状況《じょうきょう》について、もう少しお教えいただきたいのですけれども、この党大会は三十六年ぶりに行われます。

これに対しては、「しっかり軍を押《お》さえているようで押さえていない。だからこそ、党大会を開いて、権力基盤《きばん》を固めて、軍を指導できるようにしようとしている」という見方もあります。

また、周りがイエスマンというお話もありましたが、今、金正恩第一書記の……。

金日成　いやあ、敵を排除《はいじょ》してるよ、今ねえ。

綾織　えっ、排除している？

金日成　だから、いちばん恐《おそ》れてたのは、「若いので、早めに潰《つぶ》してしまえ」っていうんで、暗殺される可能性だな。

もう一つは、〝オバマの最終兵器〟っていう、インディアンみたいな闇討《やみう》ち作戦？　ウサマ・ビンラディン風に、「どっか、ちょっと露出《ろしゅつ》したところを狙《ねら》って暗殺する」っていうのをやる可能性だな。

この二つだけは、すごく警戒《けいかい》はしてきているから、あれだけども。

まあ、朴槿恵《パククネ》あたりに負ける気はまったくないみたいだから。

でも、まあ、ほんと通常ミサイル一本だけでも、韓国《かんこく》に撃《う》ち込《こ》んだら、もう判断は停止だと思うよ。朴槿恵がねえ、あれを判断できるわけがないから。

いきなりねえ、ソウルに一本撃ってもいいよ。「手違《てちが》いで落ちた」とか言ったらいいわけだよ。アッハッハッハッハッハ（笑）。

里村　金正恩第一書記の状況ですが、二日ほど前に、大川隆法総裁のところに守護《しゅご》霊《れい》が来て、「ちょっと困ってるんだ」と言っていたようです。

金日成　まあ、「食糧《しょくりょう》」だろう、たぶんな。

里村　食糧も、経済的にも……。

金日成　うん。食糧だろう。まあ、あいつが考えるのは食糧ぐらいだろうけども。

里村　（笑）

金日成　だから、日本のほうとは、食糧のところだけは、これ、やっぱり開けたいと思ってるけど。

里村　今日のお話をお伺《うかが》いしていると、何となく、金正恩第一書記は、金日成主席のそのままの指導をあまり受けていない気がします。あるいは、一部、若気《わかげ》の至りもあるのかもしれませんけれども。

金日成　まあ、それはねえ、（金正恩は）霊能者じゃねえからなあ。

里村　少しずれているわけなんですか。

金日成　直接は聞けないし、初代、二代よりも偉《えら》いところを見せたいと思ってるところがあるからなあ。

綾織　こういう場なので、今のこのお言葉は、そのまま北朝鮮《きたちょうせん》に伝わるということで……。

金日成　伝わる、伝わる、伝わる。

里村　なるほど。ここを通じて……。

金日成　伝えようとしてるんだよ。

綾織　それでは、具体的に何をアドバイスされますか。

金日成　うーん……。だから、（金正恩は）「実戦経験がない」からねえ。私は実戦経験があるから。実際に戦ったことがあるから。戦争っていうのは、これ、どのくらいのものかをね。

それは、先の朝鮮戦争ではねえ、まあ、韓国側も五十万人ぐらいは死んだかもしれないし、こちら、北のほうも、中国のあれも入ってたけれども、あれも百万からの人が死んでいるからね。それは壮絶《そうぜつ》なもんだし。

今の経済的、食糧的には、けっこう厳しくなってきてるなかねえ。これ、戦争をやると、食糧の厳しさと、物品の不足はねえ、もっとすごいものになるからね。

それを補給できる体制ができないと戦えないんだということを知らないと、旧日本軍みたいに、補給がないまま勇《いさ》ましく突撃《とつげき》しちゃうような可能性がないわけじゃないんで。

朝鮮戦争で廃虚と化した朝鮮の咸興《ハムフン》市を歩く米兵。

いや、戦争の危険がないわけじゃないんだよ。やるかもしれないんで。むしろ、経済制裁が効いてきたら、短期決戦といって、奇襲《きしゅう》で一気にやっちゃうかもしれない。これ、昔、日本が得意だった戦いだよな？　「もう短期決戦で終わればいいんだ」と。「韓国に、薬品だろうが食糧だろうが、いくらでもある。韓国を押さえちゃえばいいんだ」ということで、まあ、やっちゃうかもしれないからねえ、短期決戦のほうを。

8　独裁政権下にある北朝鮮《きたちょうせん》の窮状《きゅうじょう》と実態

「俺《おれ》が健在なら、韓国《かんこく》ぐらいは簡単に手玉に取ってやるよ」

綾織　経済制裁は、今はどういう状態なんですか。それを隠《かく》すために、北朝鮮《きたちょうせん》はスーパーの様子等、いろいろなところを報道させていますけれども。

金日成　それはねえ、二割ぐらいの人は、まあ、何とか護《まも》れてるよ。

里村　二割？

金日成　だけど、あとの八割は、ジワジワ、今、苦しんでるなあ。日本で言やあ、先の戦争のときの、そうだなあ……、昭和十九年の後半から二十年に向かうあたりの感じかなあ。

里村　なるほど。

加藤　中華《ちゅうか》人民共和国も毛沢東《もうたくとう》時代、国民は貧しくても、とにかく核《かく》兵器の開発に集中していました。

ただ、ある程度進んだ段階では、経済的な発展を目指す改革開放路線に移行していったという事実があります。

今、北朝鮮も、国民はとても貧しいにもかかわらず、とにかく核兵器の開発を続けていますが、金日成主席としては、そのあとの段階として、改

第１回配給日に販売店前に積まれた大小の下駄（東京都内・1944年６月26日撮影）。

第二次大戦中、大阪駅裏の大通りで行われた野菜づくり（大阪市芝田町・1944年９月２日撮影）。

革開放路線に持っていくべきだとお考えなのでしょうか。

金日成　いやあ、武力を強化して脅《おど》してね、「戦争したくない。核戦争したくないから、何らかの交渉《こうしょう》のテーブルにつく」ということをさせようとしてたというのが、まあ、作戦ではあろうなあ。

里村　それは、今までの瀬戸際《せとぎわ》外交として……。

金日成　だから、「日本で核を恐《おそ》れたら、日本のほうからだって食糧《しょくりょう》が来るかもしらん」とか、あるいは、「アメリカのほうが折れてきて、交渉のテーブルについて、もうちょっと、なんかする」とか、「中国のほうが、『援助《えんじょ》と引き換《か》えに、おまえのところは少し抑《おさ》えろ』」とか、それは、いちおう考えた上でやってることだとは思うが、もうすでになあ、「核開発は終わってる」のよ。

綾織　ほお。

金日成　もう「実戦配備」までは行っているので、「『これから開発しない』という約束で援助をもらう」っていうような交渉の段階ではないんだよなあ。もっとあれだ、武器は持ったら、やっぱり使いたくなるからね。

里村　では、「第一書記が、本当にやりかねない」というところを危惧《きぐ》されているのですか。

金日成　いや、「危惧してる」っていうか、やっぱりねえ、実戦経験があると駆《か》け引きがうまくなるけどな。初めてだと、やっぱり勇《いさ》み足もあるからねえ。だから、ちょっと援助してやらないと、ガイドしてやらないと、うまく戦えないからさ。うまくやりゃあ、韓国《かんこく》ぐらい〝料理〟するのはわけないけどさあ。うまくやりゃあな。俺《おれ》が健在なら、韓国ぐらいは手玉に取ってやるよ。簡単にやれるよ。

里村　ただ、最初の第一発を北朝鮮からやると、まさに朝鮮戦争の再現になるわけですね。一気に、北が南鮮《なんせん》を釜山《プサン》まで、グーッと攻《せ》め込《こ》んだように見えて、あっという間に……。

金日成　いやあ、まず、「武器で人を攻める」っていうのはねえ、いちばん最初にくるべきではないので。

里村　ほお……。

金日成　まずは相手の心を攻めないといかんからさ。まず、日本人の心を攻めるところから、私ならやりたいので。

「韓国は、ああいうことを言ってるけども、従軍慰安婦《じゅうぐんいあんふ》なんて、そんなものは存在しなかったんだ。南京大虐殺《ナンキンだいぎゃくさつ》なんて、そんなものは存在しなかったんだ。日本の統治下では、北朝鮮は非常に豊かで恵《めぐ》まれていた。日本に対する感謝の心を忘れていないんだ。もう一回、関係を修復したいんだ」

まあ、そういうことでもって、何かですなあ、日本との架《か》け橋をつくりたいわけよ。君なんかは、特任大使でどうだ？

里村　いやあ、それは、クセが強い〝クセ球《だま》〟です。

金日成　ええ？　やっぱり、ストライクかボールか分からないやつは、とりあえず打たなきゃいかんでしょう。

里村　なるほど。それを……。

加藤　確かに、日本人は弱いですね、そういうところを攻められますと。

金日成　弱いでしょう、弱いでしょう。北朝鮮《きたちょうせん》の作戦は〝特攻《とっこう》精神〟を見せて動揺《どうよう》を誘《さそ》う心理戦？

里村　先ほど、綾織からあったように、要するに、金正恩《キムジョンウン》第一書記に、この場を通じて伝えることということと……。

金日成　うん。エル・カンターレ信仰《しんこう》を広めてもいいと思うんだよな。「〝主体的〟にエル・カンターレを信じる」っていう（会場笑）。

里村　いや、「見せかけだけの信仰心」というのは、われわれは拒絶《きょぜつ》いたします。これには、「心からの帰依《きえ》」がないと……。

金日成　いや、「主体思想《チュチェ》」っていっても、基本的には、共産主義のほぼ変化形だからね。「自力でやる」というだけのことだったから。

いや、君たち、自力思想だろう？　だから、似てるんだよ。非常によく似てるからら。

里村　まあ、宗教思想の話はさておきまして。

そうすると、まず、「武器を持ったら使いたくなる」ということを恐れているところ、それから、「日本に対して、武器ではなくて、心を攻めろ」というお言葉がありました。

ほかにも、まだ金正恩第一書記に……。

金日成　やっぱり、特攻《とっこう》精神をね、北朝鮮《きたちょうせん》が見せたら、君らは燃えると思うなあ。

里村　特攻精神を……。

金日成　まさか、そういうねえ、原爆《げんばく》でも何でもいいけど、なんか破壊力《はかいりょく》の高いものを積んでだなあ、韓国に向けて特攻をしたら、それはねえ、防げないよ、たぶん。たぶん防げない。

里村　韓国に対してですか？　そうすると、先ほどおっしゃった、「自分のほうから、あまり仕掛《しか》けすぎるな」という考えと、やや矛盾《むじゅん》してませんか。

金日成　いや……。でも、そういうふうに追い込まれると、そうなる可能性もあるわな。

だから、原爆で特攻をかけるとするじゃない？　で、飛び立ったら、当然、韓国は迎撃《げいげき》しようとするじゃない？

里村　はい。

金日成　それで、北朝鮮からさ、「あれには、原爆を積んでおります」というアナウンスをかけられたらさ、撃《う》ち落とせるか？　これ。

里村　ほう……。

金日成　それは〝怖《こわ》い〟だろうが。なあ？　まあ、例えばの話な。

里村　なるほど。心理戦の一つとして、特攻精神を見せるということですね。

金日成　うーん。できるよな。

加藤　別に弾道《だんどう》ミサイルでなくてもよろしいわけですね？　例えば飛行機に積んでいけば。

金日成　まあ、弾道ミサイルでもいいんだけども、飛行機でもそういうことは可能だからね。

里村　前回の守護霊霊言《しゅごれいれいげん》でも、「地下トンネルを五百本も掘《ほ》っている」というようにおっしゃっていましたので……（前掲《ぜんけい》『北朝鮮の未来透視《とうし》に挑戦《ちょうせん》する――エドガー・ケイシー　リーディング――』参照）。

金日成　うん。そう、そう、そう、そう。

里村　トンネル経由で、地上でも可能です。

金日成　いや、「地上でボンッ」もできるよ。ボンッはね。

だから、それは、ソウルの地下まで坑道《こうどう》は行ってるから、今、下から穴を掘って仕掛けることだって、青瓦台《せいがだい》（韓国大統領官邸《かんてい》）をぶっ飛ばすぐらいだってできないわけじゃないんで。こちらは、土のなかで核の起爆装置をつけるぐらいは、わけはないことだからね。やれんことはない。

里村　なるほど。そうすると、冒頭《ぼうとう》で、「内政は金正恩に任せて、外交は私だから」とおっしゃいましたけれども、なかなか金正恩第一書記に、その外交部分が伝わらないので（笑）、この場を通じて、そういうことを伝えたかったということは、やはり、おありなわけですね。

金日成　いや、日本人はね、とにかく、もう動揺《どうよう》するからさ。その動揺は、やっぱり大事だよな。

里村　（苦笑）大事？

金日成　うーん、動揺を大事にしなきゃいけないの！

里村　どういうふうに大事にするんですか。

金日成　とにかくパニックするからさ。パニックを大事にしなきゃいけない。

綾織　「それに乗じて、日本と交渉せよ。駆け引きをせよ」ということですか。

金日成　だからね、「日本は、銀行として認めてやる」と言ってるじゃない。

綾織　ああ、なるほど。

金日成　だけど、軍事思想がちょっと足りないでさあ、憲法の改正ができないで……。そらあ、安倍《あべ》さんが、参議院選とかやって、何とかやろうとしてるけど、たぶん取れないでしょう、三分の二はねえ。だから、憲法改正できない。

憲法改正できないで、核装備ができるかったら、そう簡単じゃないよ、やっぱりね。そもそも、「戦いたくない」って言うんだからさあ。大部分がそうなんだから。だから、今、「平和の道」を拓《ひら》こうとしてるわけよ。これがねえ、日本国民の総意に適《かな》った……。

里村　でも、そこは幸福実現党が、ジワジワ、ジワジワと変えつつありますので。

金日成　だから、君らも金正恩みたいにさあ、われらを攻めとるわけよ。北朝鮮に対して圧力をかけてきてるわけだからさあ。強硬的《きょうこう》に、「やるぞ」と言ってるからさあ。こちらもいちおう、その交渉を受けないかんのでね。

だから、まあ、君たちに対して戦う意志を解除してやれば、金銭的に、あるいは食糧的に援助してくれるというんであれば、話は違《ちが》うからなあ。

金日成霊《れい》は北朝鮮《きたちょうせん》の国民の幸福をどう考えているのか

里村　ただ、私どもはですね、「日本さえ大丈夫《だいじょうぶ》であれば」とか、「われわれの身が安全であればそれでオーケー」という立場ではございません。

もう一つ、北朝鮮《きたちょうせん》の国民の幸福ですね、この部分が問題なんです。そして、そこが今、時間との戦いになってきているわけです。

すでに地方では餓死者《がししゃ》が出ているという話もございます。それを否定する報道も出ていますし、いろいろな話はあるでしょう。

「交渉」とおっしゃっていますけれども、こちらとしては交渉に入る段階での条件として、「北朝鮮のすべてをフリーに、オープンに見せていただきたい。報道させていただきたい」という希望を持っております。

金日成　いや、それは、軍事的にあんまりよろしいことじゃないよなあ。

里村　軍事的によろしくない？

金日成　ただ、何て言うかなあ、うちのミサイルはねえ、韓国や日本にだけ向いてるわけじゃないんだということだなあ。だから、中国の東北部にな、本来、うちを支援しなきゃいけないところがあるわけだけど、ここにだって撃ち込めないわけじゃないんだってことだ。これは脅威《きょうい》だしなあ。

里村　うん。

金日成　今、下手《へた》な交渉がいっぱい続けばさあ、アメリカは、THAAD《サード》とかいう高高度迎撃ミサイルシステムを韓国に持ち込もうとしてるからさあ。それが、次の中国占領《せんりょう》の足場になるからね、下手したらな。中国をやれるからねえ。そらあ、中国が大変になるしなあ。

里村　今、中国は反発してますよ。

米軍の弾道弾迎撃用サード・ミサイル。

金日成　だろうなあ。だから、そういうことはあるからさあ。今、国際政治のねえ、ほんと、爆薬庫みたいなとこだよ。

里村　ただ、やっぱり、全面公開して、開放して、その軍事的機密も含《ふく》めてですけれども、「北朝鮮の国民がどうなっているのか」というあたりを見せていただかないといけないと思います。

主席は、北朝鮮国民一人ひとりの命というものを、どういうふうに思っていらっしゃるんですか。

金日成　いや、減ったらね、韓国人をさらって増やすさ。「穴埋《あなう》め」するからいいよ。

里村　そうやって、人を誘拐《ゆうかい》して……。

金日成　うん、誘拐する。連れてくればいいから。移民で増やすから。

里村　私どもは、いわゆる脱北者《だっぽくしゃ》、北朝鮮から脱出した方たちにも、何人か取材で話を聞いております。本当に、極度に自由がありません。

私の聞いた話では、小学校のときに、イギリス映画の「００７《ゼロゼロセブン》」のＤＶＤを家で隠れて観《み》たというだけで、友達のお母さんが公園で公開処刑《しょけい》に遭《あ》い、銃殺《じゅうさつ》されたということです。こんなのは、〝地上の地獄《じごく》〟だと思うんですが、いかがでしょうか。

金日成　いや、「平等の実現」だろう。「みんな、観ない」っていう意味において、平等なんだろ？

だけど、金正恩だけは、何のビデオでも観られるんだよ。

里村　まあ、金正日《キムジョンイル》将軍も、映画が大好きでいらっしゃったから。

金日成　あのねえ、あいつはアメリカのポルノまで観てるからさあ。

里村　（笑）

日本のマスコミは「自由」を統制している

加藤　昔、「北朝鮮は地上の楽園だ」と喧伝《けんでん》するような話も多々あったんですが。

金日成　そりゃ、日本の「朝日新聞」がねえ、〝お墨付《すみつ》き〟をくれてたからねえ。

里村　そうです。ええ。

金日成　日本はまだ、言論は「朝日」中心に動いてるんだろうからさあ。

里村　そして帰国事業ですね。

金日成　だから、日本とは合併《がっぺい》が可能なんだよ、まだねえ。

加藤　いや、私たち幸福実現党としても、「やはり、北朝鮮の民衆、国民のみなさんが、もっと平和に自由に暮らせる体制になってほしい」と本当に思っているんです。

金日成　日本だって不自由だろ?

加藤　いいえ、それは全然違いますよ。

金日成　君たちが活動をしてても、まったく無視してさあ。

加藤　いや、それとは別問題だと思いますが。

金日成　北朝鮮人民のような扱《あつか》いを受けてるじゃない、君たち。被害者《ひがいしゃ》なんだからさ。

里村　いや、ただですね、首相あるいは政府の批判といったものは、かなり自由にできます。

金日成　うーん。

里村　まあ、一部、自粛《じしゅく》しているマスコミもありますけれども、われわれはできます。

金日成　君らは、でも、テレビにも新聞にも出られないじゃないですか。

里村　ええ。ですから、そういうかたちで自粛してるところがあるんです。そういうところは、やはり、情けないです。ただ、われわれは少なくとも……。

金日成　自粛じゃなくて、それはねえ、君らは「統制」されてるんだよ。

里村　まあ、政府のですね？

金日成　うん、うん。政府。

里村　それはあると思います。

ただ、われわれは、自由にものを言ったり、取材したりすることは、少なくとも、日本においては保障されています。まだ自由があるのです。しかし、北朝鮮にはそれがありません。それを今、主席は「平等だ」とおっしゃっていますけれども、これは、「地獄」ではないでしょうか。

金日成　日本も、自民党、まあ、民進党まではいけるから、その〝二大政党制〟で、それ以外は、もう全部すり潰《つぶ》して、存在しないことにして、「すり潰す」ということにおいて〝平等〟にしようとしているんじゃないの?

加藤　北朝鮮がいきなり議会制民主主義に行くとまでは、思ってはいないんですけれども……。

金日成　いや、要《い》らない、要らない。そんなもの、要らないよ。まあ、そんな国じゃないから。

金日成霊《れい》の主張する〝北朝鮮《きたちょうせん》の改革〟とは、結局、現状維持《いじ》？

加藤　ただ、先ほど、中国の例も申し上げましたけれども、鄧小平《とうしょうへい》の時代などは、かなりの改革開放路線に持っていきました。北朝鮮《きたちょうせん》の生き残る道として、やはり、ある程度、鄧小平がとったような路線はありえないんでしょうか。主席は、そのあたりのことをお考えではないのですか。

金日成　ああ、いや、中国が今、それで崩壊《ほうかい》しようとしてるところだからさ。

加藤　逆に、それで崩壊しようとしていると？

金日成　まあ、そのあと、続きたくはないですわなあ。

里村　しかし、少なくとも、日本が朝鮮半島の永続的な平和のため、幸福のために支援するのであれば、「北朝鮮の民主主義化」というのは、絶対に避《さ》けて通れない条件だと思います。

金日成　いやあ、だから、君みたいな立派な方が「総督《そうとく》」で来てくれればいいわけだ、うーん。

里村　なるほど（笑）。ええ。

金日成　総督でね？

里村　辣腕《らつわん》を揮《ふる》わせていただいてよろしゅうございますね？

金日成　うーん。それは、どうしたら発展するか、教えてもらいたいからさ。まあ、「名誉顧問《めいよこもん》」で来てくれよ。なあ？

里村　なるほど。ただ、そのときに、金正恩第一書記のお立場は、もう、北朝鮮国内から……。

金日成　「主席」だよ、そのままだよ。

里村　そのままで？

金日成　それは、もちろん、そうだ。やっぱりねえ、それは、君、束《たば》ねないとねえ、国民はまとまらないですしね。今、「韓国」と「北朝鮮」って言ったって、まあ、これ、二大政党みたいなもんなんだよ、ある意味では。分かれてるだけで。国が二つに割れてるんだ。

里村　（笑）まあ、そういうふうにご覧になるわけですね。

金日成　だから、そういうねえ、議論が割れる国の運営っていうのに向いてないのよ、うちはねえ。うん。

里村　そうすると、金正恩はそのまま温存《おんぞん》するとしたなら、では、軍隊はどうされますでしょうか。

金日成　え？

里村　軍隊は？

金日成　ぐん……、軍隊は、まあ……。

里村　武装解除？

金日成　いや、それはしませんよ。

里村　しない？

金日成　うん。統一朝鮮をつくるための元手《もとで》ですからね。

里村　では、核兵器は？

金日成　ああ、それはもう、絶対、捨てませんよ。

里村　捨てない？

金日成　うん。

里村　それから、今の朝鮮労働党による一党独裁体制は？　これは、もう、変更《へんこう》してもよいのでは？

金日成　（咳《せき》をする）まあ、うーん。党っていうのは、必要なわけではないんだけどね。

里村　（笑）形だけですからね。

金日成　支配の形が何かあれば、それはそれでいいんだけどね。

里村　ということは、要するに、「何も状態が変わらないまま、日本からはお金だけ出してもらいたい」というわけですね。

金日成　いや、その代わり、君たち、銀行みたいに、ちゃんと役員を送り込んできていいわけよ。うん。送り込んできたら。

里村　ただ、銀行から役員を送り込むと、当然、最初に手をつけるのは代表取締役《とりしまりやく》社長の交代からです。

金日成　うん。

里村　それから、役員構成が変わります。当然、ここにメスが入ります。

金日成　五百兆円出してくれれば、いちおうは、ある程度の地位を約束するよ。「喜び組」を十人ぐらいは分けてやる。

里村　（苦笑）いやいや、そんなものは要らないんですけども。

9　南北統一のための支援《しえん》を求める金日成

「五百兆円を、三十年、無利子で融資《ゆうし》せよ」と要求する金日成の霊《れい》

綾織　あの、一つ、いいですか。金正恩《キムジョンウン》第一書記のところなんですけれども、今、第一書記が考えていることは何ですか。

金日成　うーん。

綾織　今回の党大会を終え、来年になると、「トランプ大統領」が出てくるかもしれません。

金日成　いやあ、でも、「今年は、よくしのいだ」と思ってるんじゃないかなあ。

綾織　「しのいだ」？

金日成　うーん。水爆《すいばく》実験から、弾道《だんどう》ミサイル発射実験。それから、米韓《べいかん》が軍事演習をしてるときに、堂々とミサイルを撃《う》ちまくった。国内では英雄《えいゆう》なんじゃないかな。そういうふうに思ってると思うなあ。だから、米韓が軍事演習をしてるときに挑発《ちょうはつ》したっていうことはねえ、それは英雄だよ。

もし、それだったら、（米韓が）怒《おこ》ったら、攻《せ》め込《こ》んでくるかもしれないっていうときに、平気でやったということ、「負けないぞ」ということだろう？

綾織　なるほど。

金日成　うん、うん。だから、アメリカのほうが卑怯者《ひきょうもん》だから、むしろな。

綾織　まあ、ただ……。

金日成　本当のアメリカだったら、演習なんて、そんなバカはしません。いきなり来りゃあいいわけで。攻めてくりゃあいいわけ。

綾織　今の路線で行くことについては、いろいろな懸念《けねん》を持たれているわけですね。

金日成　だから、今、必要なのは、「政権維持《いじ》能力」のところ、それが必要なのね。

綾織　ああ、維持能力ですか。

金日成　いやあ、方向はいいし、それでもやれなくはないけど。ただ、それを維持するための力は要《い》るんで、そのためには、やっぱり、裏付けが必要だよな。ああ。経済的裏付けね。それは必要だよな。

綾織　なるほど。そのためには、交渉《こうしょう》して、何らかの援助《えんじょ》をもらったりしないとやっていけないと。

金日成　まあ、もちろん、イランとか、その他の国とも、多少、貿易はあるけれども、国際社会がみんなしてだねえ、北朝鮮《きたちょうせん》関連の物は全部、臨検《りんけん》して没収《ぼっしゅう》するとかし始めたら……。

綾織　かなり厳しくなると思います。

金日成　物はね、もっと〝きつく〟はなるわなあ。

綾織　なるほど。まあ、そのへんも非常に苦しくなってきて……。

金日成　だからね、われわれの条件は、「拉致被害者《らちひがいしゃ》を全部、返してやる」と。「代表で君らが出てくるんだったら、拉致被害者を全部、返してやる。もう二百人以上はいるのを返してやろう。その代わり、五百兆円を三十年、無利子で融資《ゆうし》せよ」と。

綾織　うーん。

金日成　そのお金があれば、食糧《しょくりょう》の調達も可能だし、まあ、もちろん、食糧も援助してほしいけれども、北の核《かく》兵器を伴《ともな》う軍事力によって、韓国を併合《へいごう》する。しかし、「平和裡《り》に併合された統一朝鮮は、日本の保護下に入る」。こういうことだな。これでどうだ？　手打ち。

北朝鮮《きたちょうせん》は「日本への併合《へいごう》」の交渉《こうしょう》をするほど追い詰《つ》められている？

里村　いや、小泉《こいずみ》元首相の時代に、まあ、これもまた水面下でしたけれども、一兆円で、日朝の国交正常化をし、拉致被害者を全員返すという話もありました。

金日成　一兆円じゃあ、ちょっと足りないね。

里村　「五百兆円」というのは、いかにも高いですし……。

金日成　いや、そのくらいかかるんだよ、やっぱり。

里村　それから、「日本の保護下」といっても（笑）、要するに、単なる北朝鮮《きたちょうせん》の延命でしかありません。

金日成　いやあ、傀儡《かいらい》政権をつくらせてやるよ。

里村　お話を聞いていますと、傀儡でも何でもないですね。

金日成　まあ、暗殺されるだろうけどね。

里村　（苦笑）

綾織　北朝鮮は、そのくらいの提案をしていかないといけないぐらいに苦しい状態であり、それで血路を開きたいというお気持ちなんですよね？

金日成　日本も経済繁栄《はんえい》したいんだろう？　だけど、今は侵略《しんりゃく》できないんだろう？　他国は。だから、こういうかたちで、〝事実上の植民地〟を持ってもいいじゃないか。

綾織　民主化した朝鮮半島であれば、一緒《いっしょ》にやっていくこともできると思います。

金日成　投資、投資、投資。海外投資が、今は必要なんだ。黒田《くろだ》（日銀総裁）がしたくてしたくて困っとるんだよ。

里村　今、朝鮮半島には、レアメタル、レアアースの鉱山がありますけれども、今の時代、そのために、日本はわざわざ植民地を持つ必要もありません。むしろ、コストがかかってしかたがなくなります。

金日成　（日本は）人口が減ってるっていう話じゃないか。

里村　ええ。

金日成　だから、二千万以上、人口が増えるよ？

里村　しかし、西ドイツが東ドイツと一緒になったときの苦しみを考えると、日本には、あまりにもプラスがありません。ただ、北朝鮮の人々が幸せになるのであれば、いろいろな条件も、われわれは考えます。

金日成　ベルリンの壁《かべ》が崩《くず》れてねえ、君らの世代なら知ってるだろう。なあ？　東ドイツを吸収したら西ドイツは、大変な経済的な苦しみを味わうけども、そのリスクを冒《おか》して、東西ドイツを統一して、やったんでしょう？

それで、東ドイツ出身のメルケルが今、首相をやっとるんだろう？

里村　ええ。

金日成　あのときは、東西ドイツ統合の金は、だいたい一千兆円ぐらいかかってるはずだよ（注。六千五百兆円以上という説もある）。それから推定するとだなあ、南北朝鮮統合には五百兆円ぐらいは必要だと言ってるんだ。

里村　大変なお金が必要なのは間違《まちが》いないと思います。

今、金正恩《キムジョンウン》がアドバイスを受けている相手とは？

綾織　「金正恩《キムジョンウン》第一書記が、なかなか言うことをきいてくれない」というお話だっ

東西ドイツの統一20周年の日にブレーメンで行われた記念式典に参加するメルケル首相（2010年10月3日撮影）。

たのですが、今、金正恩第一書記は、誰《だれ》かのアドバイスをきかれたりしていますか。ほかの誰かの……。

金日成　まあ、取り巻きの女性たちから、いろいろ聞いてるわ。

綾織　女性たちですか。ああ、地上の女性たちの声を聞いて動いている？

金日成　うん、うん。

綾織　ああ。

里村　今回、登場が注目されている妹さんとか……。ただ、霊的《れいてき》には、どうなのですか。霊界《れいかい》からご覧になって……。

金日成　うーん。まあ、霊界には……、まあ、（金正恩は）「自分はナポレオンぐらいの存在だ」と思うとるだろうから。うーん。いや、ナポレオンっていうか、何だっけ？　うーん、広開土王《こうかいどおう》か。

加藤　高句麗《こうくり》の広開土王。

金日成　「広開土王の生まれ変わり」を任じておるからなあ。やっぱり、釜山《プサン》まで攻め降りないと、人生、終われない感じはあるんじゃないかなあ。

綾織　うーん。

里村　その後、広開土王の転生《てんしょう》も明らかになっていて、「そういうことはない」と

●広開土王（374～412年）　高句麗の第19代の王。韓国・朝鮮史上、初めて大陸まで領土を広げた王として知られる。

いうことが、もう分かっているのですけれども……（『広開土王の霊言《れいげん》　朝鮮半島の危機と未来について』〔幸福の科学出版刊〕参照）。

金日成　ああ、そうなんかあ。

里村　ええ。

朝鮮《ちょうせん》労働党大会の日に金日成が霊言《れいげん》をしにきた理由

加藤　三十六年ぶりの労働党大会という大事な日に、（金日成）主席はこちらに来られたということで、やはり、北朝鮮《きたちょうせん》の行く末を、かなりご心配しているのではないですか。何と言っても、金正恩第一書記はまだ若いですし……。

金日成　敬意を表《ひょう》したんだ。

いやあ、「最後は誰が面倒《めんどう》を見るか」っていう問題は、やっぱりあるわけよ。

里村　最後は……？　ああ、そういうことですね。

金日成　旧イギリスの植民地は独立しても、最後は、だいたい、宗主国《そうしゅこく》であるイギリスがだなあ、面倒は見てますよ。オーストラリアだって、インドだって、何だかんだ、いろんなところをね。

加藤　経済的な困窮《こんきゅう》もありますし、外交的な意味でかなり追い詰《つ》められて……。

金日成　そう言ったってねえ、日本が台湾《たいわん》だとかさあ、いろんなところをやっていたんだから。朝鮮半島も、まあ、「従軍慰安婦《じゅうぐんいあんふ》だ。南京《ナンキン》だ」といろいろ言ってるけど、それはみんなね、もう甘《あま》えもあるわけよ。旧宗主国に対する甘えが。

里村　うーん！

金日成「これだけやったから、もうちょっとやれ。援助しろ」と、韓国だって言うとるわけだろうからさあ。

まあ、いいんじゃないか。日本の人口減は、われわれの国民を……。だから、工場をな？　日本の工場を北朝鮮に持ってきなさいよ。そうしたら補えるしさ、経済発展も、またあるからさ。

里村　なるほど。そうすると、やはり、今日、来られたのは、窮余《きゅうよ》の一策《いっさく》というか……。

金日成　日本のメーカーは潰《つぶ》れかかってるんだろう？

里村　ええっ？　いや……。

金日成　日本のメーカーは、今、韓国やアメリカにやられてさあ。

里村　いやいや。日本のメーカーではなくて、要するに、今は北朝鮮のほうが、かなり土壇場《どたんば》に来ているということですね？

加藤　もう、経済的にも外交的にも、かなり追い詰められていると。

金日成　うーん。

10 金日成から見た「世界の危険な指導者」

「水爆《すいばく》実験は、世界に挑戦状《ちょうせんじょう》を出したのと一緒《いっしょ》」

加藤　そして、その分、戦術核《かく》か、地上戦力を使って南進し、その分、かなりお金がかかるので、「日本からお金を少し引き出せないか」ということですよね。

金日成　いや、だから、（金正恩《キムジョンウン》が）考えてるのは、おそらく「短期決戦」。これを、ちょっと考えてる可能性はあるので、戦争はないとは言えないよ。あるかもしれないけど、短期決戦。先のことは考えてないと思うんだ。

だから、取ってしまえば、日本軍と一緒《いっしょ》なわけ。食糧《しょくりょう》は現地調達、「攻《せ》め込《こ》んで現地で調達しろ」っていうような、そんな考えにちょっと近いものを持ってると思うので。うーん。

里村　今まで、金日成主席から始まる金《キム》家のみなさんの公開霊言《れいげん》を、いろいろと録《と》ってきましたけれども、北朝鮮《きたちょうせん》の存続に関する不安というのを、これほど明らかにされたのは初めてです。

金日成　いやあ、「水爆《すいばく》実験までした」と言った以上、「挑戦状《ちょうせんじょう》を出したのと一緒」ではあろうからなあ。

次、サミットあるんだろう？　日本でなあ。

里村　はい。

金日成　共同歩調を取られたら、ちょっときついよなあ……。

里村　ああ……。

金日成　もし、そのつもりで来られたら……。

加藤　外交的には、実際、かなり追い詰《っ》められるかたちになりますよね。

金日成　うーん。だから、中国が敵対しているうちは、まだいいんだが、必ずしも敵対しているとは言えない。で、ヨーロッパのほうも、取り込みにかかっとるからさあ。

里村　ええ。

金日成　中国が動けない状態だったら困るんで。

里村　そうなんです。

日本がロシアとつながる意味を理解できていないマスコミ

金日成　まあ、ロシア政策を間違《まちが》ったようで、ロシアがちょっと弾《はじ》かれてるからさ。あそこを〝一匹狼《いっぴきおおかみ》〟にしてしまえば、われわれは、まだ、つながるルートがある。

里村　しかし、そこで、ロシアとつながるのが北朝鮮ではなく、日本が出ていくと、やはり……。

金日成　でも、日本のマスコミたちは、その意味が十分には理解できないかもしれないから。なんでそんなことをしなきゃいけないか、分かんないかもしれないから。

里村　そこは、主席とも意見を同じくするところです（苦笑）。

金日成　「（日本が）ロシアと仲良くやったりしたら、今度、アメリカが嫉妬《しっと》して、日米同盟を破棄《はき》したり、結局、基地を引き揚《あ》げるのなんかと一緒になってきたら、あっという間に日本は危なくなる」と思うかもしらんからねえ。

「大東亜共栄圏《だいとうあきょうえいけん》をもう一回つくろう」と語る金日成霊《れい》の真意

加藤　北朝鮮も、韓国《かんこく》と同時に国連に加盟していますし、今の挑発的な軍事拡張路線を改めて、緩《ゆる》やかな改革開放、民主化路線を取っていくことによって、北朝鮮の未来を拓《ひら》くという考え方もありえると思うのですが。

金日成　台湾《たいわん》はそうとう変わってさ、次は日本に擦《す》り寄ってくると思うんだよな。

たぶん、次の台湾総統（蔡英文《さいえいぶん》）はな。前は中国に擦り寄ってたけどさ、これで流れが変わってくるよねえ、たぶんな。それから、今は、フィリピンも日本のほうに寄ってきてるしなあ。

だから、いやあ、北朝鮮も、何か……。やっぱり、「大東亜《だいとうあ》戦争」はよかったんだよ。「大東亜共栄圏《きょうえいけん》」はいいんだよ。

里村　ええ……（笑）。あっ……。

金日成　もう一回つくろう！

里村　今日は大胆《だいたん》なお言葉がどんどん……。

日台関係はどうなるのか。
『緊急・守護霊インタビュー　台湾新総統　蔡英文の未来戦略』
（幸福の科学出版刊）

金日成　うん。大東亜共栄圏をつくろう！

里村　おお。

綾織　その裏にあるのは、そこにある本（前掲《ぜんけい》『北朝鮮――終わりの始まり――』）のとおり、「北朝鮮の終わりの始まり」というものが、具体的に見えてきてしまっている状況《じょうきょう》にあるということですね。

金日成　うーん、だから、戦争をして、食糧の調達がほんとにできるかどうか、まあ、微妙《びみょう》だからなあ。

里村　そうすると、今日のお言葉としては、まあ、私たちも、これをまともに受け取っていいかどうか分かりませんけれども、例えば、「朝鮮戦争をもう一度北のほうから起こせ」という立場では必ずしもないのですか。

金日成　だって、おまえ、百五十万以上は死んでるよ、あれねえ。

里村　はい。

金日成　だからねえ、安倍《あべ》君は、もう一回、「朝鮮特需《とくじゅ》」を狙《ねら》ってるのは分かってるよ。それは分かってるけどさあ。

里村　（笑）最近、いろいろな霊人《れいじん》もおっしゃっています。

金日成　そういうねえ、他人事《ひとごと》みたいに、よそで戦争を起こして自分らは儲《もう》けようっていうのは、そらあやっぱり、ちょっと損するからさ。

里村　うーん……。

金日成　正恩は、そこまでは計算できないかもしんないから。

加藤　安倍首相は、本当にそのように考えていると感じられますか。

金日成　いやあ……、思ってると思うなあ。

加藤　本当に考えている?

金日成　感じるなあ。

加藤　そうですか……。

金日成霊《れい》が語った「今、危ないと思う独裁者」の名前

里村　お時間も、もうなくなってきたのですけれども、先般《せんぱん》、ヒトラー霊《れい》に、この場に来ていただいて、「今、ヒトラーに似たような独裁者になるような人は？」ということで、ちょっと、いろいろなリーダーを検討したんですけれども（『ヒトラー的視点から検証する 世界で最も危険な独裁者の見分け方』〔幸福の科学出版刊〕参照）、金日成主席からご覧になって、「これは危ないな」という独裁者は誰《だれ》になりますでしょうか。

金日成　いや、それはやっぱり、習近平《しゅうきんぺい》も、プーチンも危ないし……。

里村　プーチンもですか。

金日成　うーん。やっぱり、習近平、プーチン、メルケル……。

里村　メルケルも?

金日成　それから、安倍。

里村　おお。

金日成　トランプ。

里村　おお。

金日成　このへんは危ないよな、みんな。

里村　ほお。

金日成　みんな、危ない。

綾織　なぜ、ドイツのメルケル首相を挙げられたんでしょうか。

金日成　メルケルはなあ、あれは基本的には、「北朝鮮が韓国と日本を統治してる」ようなもんなんだよ。まあ、はっきり言えばなあ。

里村　まあ、東ドイツ出身ですしね。

金日成　頭はねえ、われわれとそう変わらないんだよ。似たような考えを持っておるから、けっこう。

里村　なるほど。そうすると、安易に財政出動を承知しない、非常に堅実《けんじつ》な指導者のように見られてますけれども……。

金日成　いやあ、そうでもないよ。あれはけっこうねえ、理系だからね。ほんとは、「軍事思想」は大好きだよ。ほんとは、チャンスを待ってるとは思うけどねえ。

里村　はああ。

金日成　だけどねえ、お金をばら撒《ま》いて国力を落とすのは嫌《いや》なんだよ。

里村　ああ、国力をですね。

金日成　うん。国力を落とすのは嫌なんだよ。しっかり、金を貯《た》め込んでいるっていうのはね、次は、「軍国主義化を狙ってる」んだよ、ほんとはドイツも。

里村　ドイツの軍国主義化というのは、再軍備論であれば、日本も含《ふく》めて同じ立場であって、先の戦争で悪魔《あくま》呼ばわりされたようには、ユダヤ人迫害《はくがい》はともかく、必ずしもすべて悪くはないと思うんですけども。今、ドイツのメルケルさんを霊的に指導している方は誰なんでしょうか。

金日成　いや、わしに分かるわけないだろ？　そんなことが。バカか！

里村　（苦笑）そうですか。分かれば、これもまた世界的スクープに、と……。

金日成　それは分かるわけないよ。そこまで、自惚《うぬぼ》れてはおらんわ。ヨーロッパまでは分からんわ。そんなには分からん。

「孫が心配」と語る金日成の霊《れい》

里村　ただ、今日は、三年前に比べて、かなり慎重《しんちょう》で現実的なお話をお伺《うかが》いできていると……。

金日成　いやあ、ちょっとな、孫が心配でな。まあ、当然、立場上、それは心配だから。

里村　はあ。

金日成　やっぱり、ちょっと、世界のリーダーたちを敵に回して戦うほどの力量はないかなあと思うんでな。どこかに味方をつくらないと危険だなあ。いや、君らが（公開霊言などをして）〝智慧《ちえ》をつける〟から、安倍首相とかがロシアまで行くからさあ。

加藤　では、先ほど、メルケル首相のあとに、安倍首相の名前を挙げたのは、もう少し具体的に言うと、どんな理由でですか。

金日成　いやあ、〝発狂《はっきょう》〟する場合があるでしょ？

加藤　発狂？

金日成　うん。あれも、発狂するからいけない。いや、突如《とつじょ》、発狂する場合があると思うんだよなあ。うーん、突如、発狂する場合があると思うんだ。

里村　それは、要するに、主席からご覧になって、「発狂して、北朝鮮を本気で滅《ほろ》ぼしかねない」とか、そういうわけですか。

金日成　いや、そんな力はないだろうけども。まあ、メインは中国だと思うわなあ。中国と対抗《たいこう》しようとしているだろうと思うんでなあ。それで、渦巻《うずま》きをつくろうとしてるんだとは思うけど。「中国」と「日本」の信用合戦なんだよ。ほんとは、今、ナンバーツー争いをやってんだろうとは思うけどなあ。

11 北朝鮮《きたちょうせん》の窮地《きゅうち》に危機感が募《つの》る金日成

金正恩《キムジョンウン》第一書記の四年間を金日成霊《れい》が採点すると何点?

里村　今、何人かのリーダーのお名前を出されましたけれども、金正恩《キムジョンウン》第一書記は、金日成主席からご覧になって、どうでしょうか。北朝鮮《きたちょうせん》のトップに就任して、今年でほぼ四年です。今のところ、採点するとすれば何点ぐらいでございましょう?

金日成　まあ、そういうことは、君ねえ、独裁国家には、あまり訊《き》いてはいけないことなんだよ。

里村　いえ、いえ、いえ、いえ(苦笑)。「訊いてはいけない」と言われると、ますます訊きたいんですけれども。ということは、けっこう厳しい点数が、今、頭に浮《う》かんでいらっしゃるんですね。

金日成　いや、いや、いや、限りなく百点に近いよ。

里村　（笑）だったら、すぐに「百点」とおっしゃいますから。

加藤　無理しておっしゃってますね。

里村　無理しておっしゃってますよね。

金日成　まあ、限りなく百点に近いけど、百点ではない。

里村　それは、限りなく五十点に近いほうなんですか。

金日成　いや、知らない、知らない。それは知らんわ。それは分からんがな。

綾織　まあ、「今後について、大きな心配をされている」ということですね。

日本に〝平和の提案〟と称《しょう》する取引を持ちかける金日成の霊《れい》

金日成　まあ、日本が大事だ。日本がねえ、心をもっと大きく持って。宗教が大事ですよ。宗教のねえ、「愛する心」、「慈《いつく》しみの心」、「寛容《かんよう》の心」、これが大事。これがねえ、日本と北朝鮮と韓国《かんこく》を救うことになるなあ。

里村　それならば、北朝鮮の宗教弾圧《だんあつ》から、まずやめていただきたいです。

金日成　いや、宗教弾圧なんか、別にしてませんよ。それは、平等に扱《あつか》ってるだけですから。

里村　いや、二年前も、「THE《ザ》 FACT《ファクト》」で北朝鮮に入国しようとしたとき、われわれだけ許可が出なかったんです。そういうことは、やめていただきたいですね。

金日成　いやあ、この次はねえ、まあ、「五百兆円がついてくる」っていうなら、そりゃあ許可するよ。

里村　なるほど。

金日成　通ると思うなあ。

里村　まあ、それは、北朝鮮の変化と合わせての話だと思いますけれども。

金日成　だから、われわれは、「南京大虐殺《ナンキンだいぎゃくさつ》」と「従軍慰安婦《じゅうぐんいあんふ》」を忘れてあげていいと思うよ。それで、「大東亜共栄圏《だいとうあきょうえいけん》は、白人からの植民地解放のために必要だった」と認めてもいいと思うよ。うん、認めてもいいと思う。

だから、〝仲良くやろう〟じゃないか。アメリカと中国の覇権《はけん》を終わらせようじゃないか。なあ？

里村　うーん……。なるほど。「今、それくらい、窮地《きゅうち》にある」ということでございますか。

金日成　いや、そういうわけではないけど、そういう選択肢《せんたくし》もあるかなと。私だって〝平和主義者〟だからね。それは、韓国や日本と仲良くね、共に繁栄《はんえい》できる未来がいいなと思うな。

里村　今、〝平和主義者〟という言葉を使われましたが……。

金日成　平和の提案なんだよ。やっぱり、宗教家がこれを受けなければ、誰《だれ》が受けるんだよ。

里村　はい。そういう〝平和主義者〟という言葉を、あえて否定はしませんけれども、どうか、今日の主席の言葉や思いが少しでも第一書記のほうに伝わって、北朝鮮の国民の「飢《う》え」や「自由がない」というような今の状況《じょうきょう》が早く改まることを、私たちとしては望んでおります。

金日成　（加藤に）私はねえ、日航《にっこう》の特別機、チャーター機で、君が拉致《らち》された二百人を、北朝鮮から日本に連れて帰ってくる姿が、目に見えるような気がするなあ。

加藤　いや、その前に、真っ先に、拉致被害者《ひがいしゃ》を返還《へんかん》しなければいけないと思いますが。

金日成　いや、タダで返すわけにはいかんでしょう。人質《ひとじち》なんだからな。でしょう？

里村　そのためにも、いずれにしても幸福実現党は頑張《がんば》りますので。

金日成　それは交渉《こうしょう》の材料なんですから。

加藤　第一書記に対しても、「拉致被害者は返せ」というインスピレーションをしっかりと与《あた》えてくださるよう、よろしくお願いいたします。

金日成　うん。でねえ、私は、「もう朝日新聞の時代は終わったから、朝日新聞は産経新聞が吸収合併《がっぺい》してもいいんじゃないかな」と思うな。

本心は「日本が北朝鮮《きたちょうせん》を助けるための血路を開きたい」？

里村　今日は、たくさんリップサービスを頂きましたけれども、本音のところもいろいろとお伺《うかが》いできたと思います。

金日成　やっぱり、水爆《すいばく》を持ったのでね、大国になったんだよ。「五つの大国でつくってる国連」と、「一つの国でつくってる国連」があるわけよ、もう一つね。だから、「われわれの国連グループに入らないか。新しい国連をつくらないか」と……。

里村　ただ、「そのためにも、金正恩よ、あまり焦《あせ》るな」ということですね。

金日成　いや、そうは言わないけども、まあ、今までよくやったとは思うよ。思うけれども、やっぱり、兵站《へいたん》部門の研究は少し甘《あま》いようには思うので、「軍事っていうのはけっこう大変なんだよ。消耗《しょうもう》するからね。当てをつけないといけないんだよ」ということをね、ちょっと言っとかないといけないんで。強がりだけではできないからね。

里村　なるほど。まあ、私たちは、今日の主席の言葉を……。

金日成　どこかで、やっぱり、ちょっと血路を開いとかないといかんから。万一《まんいつ》のときには、日本のほうが助けてくれる道を少し開いといてくれないと、やっぱり、

「世界大戦」なんか避《さ》けたいじゃないですか、お互《たが》いな。

里村　まあ、「世界大戦」を本当に避けたいと思っていらっしゃるかどうかは分かりませんけれども、私どもは、本当に避けたいと思っておりますので、北朝鮮の〝平壌《ピョンヤン》の無血開城〟のために努力してまいります。

金日成　いや、われわれもね、韓国を「皆殺《みなごろ》し」にしたいなんて思ってないわけよ。韓国の繁栄を、そっくりそのまま吸収したいんであってね。別に殺したいとも、破《は》壊《かい》したいとも思ってない。そのまま繁栄を頂きたいと思ってるのでね。ただ、「まだ金はプラスアルファで必要かなあ」とは思ってるな。

里村　はい。分かりました。

加藤　かなりご本心をお教えいただきまして、ありがたかったです。

金日成　うん。

里村　今日は、わざわざお越《こ》しいただきまして、本当に、いろいろとありがとうございました。

金日成　「いい人だった」と書いといてくれ。

里村　はい。そのお言葉は書いておきます。

金日成　うん、うーん、うーん。

里村　ありがとうございました。

12　明らかになった「北朝鮮《きたちょうせん》建国の父」の今の本心

大川隆法　（手を三回叩《たた》く）少し変わりましたね。

里村　ええ。

大川隆法　でも、これは、やはり、ある程度「危ない」と感じているということでしょうね。「危ない」と。やはり、「（金正恩《キムジョンウン》が）若い」ということには、それなりの怖《こわ》さを感じてはいるのでしょう。

里村　はい。三年前の金日成は、まだ、特に絶頂期で高笑いしていました（前掲《ぜんけい》

『北朝鮮《きたちょうせん》の未来透視《とうし》に挑戦《ちょうせん》する――エドガー・ケイシー リーディング――』参照）。

大川隆法　（金正恩は）やはり、「脅《おど》しが効く」と思っているのでしょう。国内はそうだろうから、軍事的なミサイルを撃《う》ったら、もう怖がって、「ヘヘエーッ」とくると思っているのでしょう。

ただ、国内は、銃弾《じゅうだん》の前に「ヘヘエーッ」とやるけれども、外国はそうならないということに対する、甘《あま》えがあるようには見えましたね。

おそらく、配給は二割ぐらいしか行き渡《わた》っていなくて、あとは、不足しているということでしょう。「昭和十九年の終わりから二十年の日本の感じ」と言っているので、これは、「それほど長くはもたない。一年はもたない」ということでしょう。

里村　なるほど、そうですね。

大川隆法　この言い方は、「何か道を開かないかぎり、あと一年以上はもたない」ということです。

里村　ああ、なるほど。

大川隆法　そういうことだと思いますね。まあ、とりあえず、意見は述べましたので、どこかで伝わって、考える人もいるとは思います。

いつか加藤さんが行きますかねえ？　特使で（会場笑）。

加藤　（笑）時が満ちれば……。

大川隆法　（里村に）北朝鮮総督《そうとく》。

里村　（笑）いえ、いえ、いえ。もう、器《うつわ》ではございません。

大川隆法　ともかく、やや珍《めずら》しい兆《きざ》しなので、「向こうの感じを伝える」という意味では、意義はあるのではないかとは思います。

里村　はい。

大川隆法　ですから、当会のほうも、戦闘一辺倒《せんとういっぺんとう》ではなく、少し、「ほかの道があるかもしれない」ということも考えなくてはいけませんね。

例えば、ロシアあたりと、そして、アメリカの外交を恐《おそ》れているのでしょう。日本がどう出るかですね。

ただ、今朝《けさ》、金日成の霊が大悟館《たいごかん》に来たときに、とうとうこの霊言《れいげん》の収録に踏《ふ》み切らせた彼の最後の言葉が、「ここが世界の中心だから」ということだったのです。それは〝殺し文句《もんく》〟でしょう。

里村　はい。

大川隆法　「ここが世界の中心だから。ここから出たものが世界を動かしている」と言っていました。その言葉に免《めん》じて、今日は霊言を収録してみたわけです。

里村　やはり、今日の霊言も、これから大きな影響《えいきょう》を生んでいくと思います。

大川隆法　確かに、「世界の中心」かもしれません。こういう思想は、世界の記者団が今、平壌《ピョンヤン》に入っていても取れないでしょう。

里村　はい。取れません。

大川隆法　まったく取れないはずですし、言うはずもないからです。それを言ったら、処刑《しょけい》されるでしょう。

いずれにせよ、「バックにいる北朝鮮の創立者は、本音としてはこういうことを考えていた」ということですね。

里村　しっかりと伝えてまいります。ありがとうございました。

加藤・綾織　ありがとうございました。

あとがき

年初の水爆実験（公称）や弾道ミサイル発射実験に続いて、北朝鮮のアメリカ、韓国、日本に対する挑発は続いている。

三代目金正恩《キムジョンウン》の体制は、終わりが近づいている。内部的にいかに権威づけしようとも、余命《よめい》は尽《つ》きようとしている。日本が国防体制を強化し、ロシアを友邦《ゆうほう》として取り込むことに成功すれば、そして、中国の世界帝国戦略が破綻《はたん》すれば、北朝鮮は自滅《じめつ》する。

私たちは、金正恩体制崩壊後のニュー・ワールド・オーダー（新世界秩序）を考えている。

それは、全体主義国家・中国の民主化とも連動していくことになるだろう。
私の救世主としての使命の一部が実現する日が近づいていることを感じている。

二〇一六年　五月十七日

幸福《こうふく》の科学《かがく》グループ創始者兼総裁《そうししゃけんそうさい》
幸福実現党創立者兼総裁《こうふくじつげんとうそうりつしゃけんそうさい》　大川隆法《おおかわりゅうほう》

『北朝鮮 崩壊へのカウントダウン 初代国家主席・金日成の霊言』

大川隆法著作関連書籍

『世界を導く日本の正義』(幸福の科学出版刊)
『北朝鮮・金正恩はなぜ「水爆実験」をしたのか』(同右)
『プーチン大統領の新・守護霊メッセージ』(同右)
『金正日守護霊の霊言——日本侵略計画(金正日守護霊) vs. 日本亡国選択(鳩山由紀夫守護霊)——』(同右)
『北朝鮮の未来透視に挑戦する——エドガー・ケイシー リーディング——』(同右)
『守護霊インタビュー ドナルド・トランプ アメリカ復活への戦略』(同右)
『広開土王の霊言 朝鮮半島の危機と未来について』(同右)
『緊急・守護霊インタビュー 台湾新総統 蔡英文の未来戦略』(同右)
『ヒトラー的視点から検証する 世界で最も危険な独裁者の見分け方』(同右)

『ロシア・プーチン新大統領と帝国の未来』（幸福実現党刊）
『北朝鮮――終わりの始まり――』（同右）
『守護霊インタビュー　金正恩の本心直撃！』（同右）

北朝鮮《きたちょうせん》 崩壊《ほうかい》へのカウントダウン
初代国家主席《しょだいこっかしゅせき》・金日成《キムイルソン》の霊言《れいげん》

2016年5月20日　初版第1刷

著　者　大《おお》川《かわ》隆《りゅう》法《ほう》

発行所　幸福の科学出版株式会社

〒107-0052 東京都港区赤坂2丁目10番14号
TEL(03)5573-7700
http://www.irhpress.co.jp/

印刷・製本　株式会社 研文社

落丁・乱丁本はおとりかえいたします

ISBN978-4-86395-794-7 C0030
カバー写真：AFP= 時事
本文写真：AFP =時事／毎日新聞社／時事通信フォト／dpa/時事通信／朝日新聞社／
時事通信フォト／時事／SPUTNIK/時事通信フォト／毎日新聞社アフロ

大川隆法霊言シリーズ・緊迫する東アジア情勢を読む

広開土王の霊言
朝鮮半島の危機と未来について

朝鮮半島最大の英雄が降臨し、東アジアの平和のために、緊急提言。朝鮮半島が侵略され続けてきた理由、そして、日韓が進むべき未来とは。

1,400 円

守護霊インタビュー
朴槿惠韓国大統領
なぜ、私は「反日」なのか

従軍慰安婦問題、安重根記念館、告げ口外交……。なぜ朴槿惠大統領は反日・親中路線を強めるのか? その隠された本心と驚愕の魂のルーツが明らかに!

1,500 円

中国と習近平に
未来はあるか
反日デモの謎を解く

「反日デモ」も、「反原発・沖縄基地問題」も中国が仕組んだ日本占領への布石だった。緊迫する日中関係の未来を習近平氏守護霊に問う。【幸福実現党刊】

1,400 円

緊急・守護霊インタビュー
台湾新総統
蔡英文の未来戦略

台湾新総統・蔡英文氏の守護霊が、アジアの平和と安定のために必要な「未来構想」を語る。アメリカが取るべき進路、日本が打つべき一手とは?

1,400 円

大川隆法霊言シリーズ・全体主義者の本心と末路

ヒトラー的視点から検証する 世界で最も危険な 独裁者の見分け方

世界の指導者たちのなかに「第二のヒトラー」は存在するのか？ その危険度をヒトラーの霊を通じて検証し、国際情勢をリアリスティックに分析。

1,400円

マルクス・毛沢東のスピリチュアル・メッセージ

衝撃の真実

共産主義の創唱者マルクスと中国の指導者・毛沢東。思想界の巨人としても世界に影響を与えた、彼らの死後の真価を問う。

1,500円

国家社会主義とは何か

公開霊言　ヒトラー・菅直人守護霊・胡錦濤守護霊・仙谷由人守護霊

神仏への信仰心がない社会主義国家には、国民の「真なる自由」もない─。死後も暗躍を続けるヒトラーや、中国の恐るべき野望が明らかに！

1,500円

赤い皇帝 スターリンの霊言

旧ソ連の独裁者・スターリンは、戦中・戦後、そして現代の米露日中をどう見ているのか。共産主義の実態を明らかにし、戦勝国の「正義」を糺す一冊。

1,400円

※表示価格は本体価格(税別)です。

大川隆法霊言シリーズ・世界の政治指導者の本心

守護霊インタビュー ドナルド・トランプ アメリカ復活への戦略

英語霊言 日本語訳付き

次期アメリカ大統領を狙う不動産王の知られざる素顔とは？ 過激な発言を繰り返しても支持率トップを走る「ドナルド旋風」の秘密に迫る！

1,400円

オバマ大統領の新・守護霊メッセージ

英語霊言 日本語訳付き

日中韓問題、ＴＰＰ交渉、ウクライナ問題、安倍首相への要望……。来日直前のオバマ大統領の本音に迫った、緊急守護霊インタビュー！

1,400円

ヒラリー・クリントンの政治外交リーディング

同盟国から見た日本外交の問題点

竹島、尖閣と続発する日本の領土問題……。国防意識なき同盟国をアメリカはどう見ているのか？ クリントン国務長官の本心に迫る！【幸福実現党刊】

1,400 円

プーチン大統領の新・守護霊メッセージ

独裁者か？ 新時代のリーダーか？ ウクライナ問題の真相、アメリカの矛盾と限界、日ロ関係の未来など、プーチン大統領の驚くべき本心が語られる。

1,400 円

幸福の科学出版

大川隆法ベストセラーズ・日本のあるべき姿を考える

政治革命家・大川隆法

幸福実現党の父

未来が見える。嘘をつかない。タブーに挑戦する――。政治の問題を鋭く指摘し、具体的な打開策を唱える幸福実現党の魅力が分かる万人必読の書。

1,400円

国際政治を見る眼

世界秩序《ワールド・オーダー》の新基準とは何か

日韓関係、香港民主化デモ、深刻化する「イスラム国」問題など、国際政治の論点に対して、地球的正義の観点から「未来への指針」を示す。

1,500円

日本建国の原点

この国に誇りと自信を

二千年以上もつづく統一国家を育んできた神々の思いとは――。著者が日本神道・縁《ゆかり》の地で語った「日本の誇り」と「愛国心」がこの一冊に。

1,800円

幸福の科学グループのご案内

宗教、教育、政治、出版などの活動を通じて、地球的ユートピアの実現を目指しています。

幸福の科学

一九八六年に立宗。信仰の対象は、地球系霊団の最高大霊、主エル・カンターレ。世界百カ国以上の国々に信者を持ち、全人類救済という尊い使命のもと、信者は、「愛」と「悟り」と「ユートピア建設」の教えの実践、伝道に励んでいます。

（二〇一六年五月現在）

愛

幸福の科学の「愛」とは、与える愛です。これは、仏教の慈悲《じひ》や布施《ふせ》の精神と同じことです。信者は、仏法真理をお伝えすることを通して、多くの方に幸福な人生を送っていただくための活動に励んでいます。

悟り

「悟り」とは、自らが仏の子であることを知るということです。教学《きょうがく》や精神統一によって心を磨き、智慧《ちえ》を得て悩みを解決すると共に、天使・菩薩《ぼさつ》の境地を目指し、より多くの人を救える力を身につけていきます。

ユートピア建設

私たち人間は、地上に理想世界を建設するという尊い使命を持って生まれてきています。社会の悪を押しとどめ、善を推し進めるために、信者はさまざまな活動に積極的に参加しています。

国内外の世界で貧困や災害、心の病で苦しんでいる人々に対しては、現地メンバーや支援団体と連携して、物心両面にわたり、あらゆる手段で手を差し伸べています。

年間約３万人の自殺者を減らすため、全国各地で街頭キャンペーンを展開しています。

公式サイト **www.withyou-hs.net**

ヘレン・ケラーを理想として活動する、ハンディキャップを持つ方とボランティアの会です。視聴覚障害者、肢体不自由な方々に仏法真理を学んでいただくための、さまざまなサポートをしています。

公式サイト **www.helen-hs.net**

INFORMATION

お近くの精舎・支部・拠点など、お問い合わせは、こちらまで！

幸福の科学サービスセンター

TEL. 03-5793-1727 (受付時間 火～金:10～20時／土・日・祝日:10～18時)

幸福の科学 公式サイト happy-science.jp

幸福の科学グループの教育・人材養成事業

ハッピー・サイエンス・ユニバーシティ

Happy Science University

ハッピー・サイエンス・ユニバーシティとは

ハッピー・サイエンス・ユニバーシティ（HSU）は、大川隆法総裁が設立された「現代の松下村塾」であり、「日本発の本格私学」です。
建学の精神として「幸福の探究と新文明の創造」を掲げ、
チャレンジ精神にあふれ、新時代を切り拓く人材の輩出を目指します。

学部のご案内

人間幸福学部

人間学を学び、新時代を切り拓くリーダーとなる

経営成功学部

企業や国家の繁栄を実現する、起業家精神あふれる人材となる

未来産業学部

新文明の源流を創造するチャレンジャーとなる

未来創造学部

2016年4月開設

時代を変え、未来を創る主役となる

政治家やジャーナリスト、ライター、俳優・タレントなどのスター、映画監督・脚本家などのクリエーター人材を育てます。※

※キャンパスは東京がメインとなり、2年制の短期特進課程も新設します（4年制の1年次は千葉です）。2017年3月までは、赤坂「ユートピア活動推進館」、2017年4月より東京都江東区（東西線東陽町駅近く）の新校舎「HSU未来創造・東京キャンパス」がキャンパスとなります。

住所 〒299-4325 千葉県長生郡長生村一松丙 4427-1
TEL.0475-32-7770

幸福の科学グループの教育・人材養成事業

教育

学校法人 幸福の科学学園

学校法人 幸福の科学学園は、幸福の科学の教育理念のもとにつくられた教育機関です。人間にとって最も大切な宗教教育の導入を通じて精神性を高めながら、ユートピア建設に貢献する人材輩出を目指しています。

幸福の科学学園

中学校・高等学校（那須本校）
2010年4月開校・栃木県那須郡（男女共学・全寮制）
TEL **0287-75-7777**
公式サイト **happy-science.ac.jp**

関西中学校・高等学校（関西校）
2013年4月開校・滋賀県大津市（男女共学・寮及び通学）
TEL **077-573-7774**
公式サイト **kansai.happy-science.ac.jp**

仏法真理塾「サクセスNo.1」 TEL **03-5750-0747**（東京本校）
小・中・高校生が、信仰教育を基礎にしながら、「勉強も『心の修行』」と考えて学んでいます。

不登校児支援スクール「ネバー・マインド」 TEL **03-5750-1741**
心の面からのアプローチを重視して、不登校の子供たちを支援しています。
また、障害児支援の**「ユー・アー・エンゼル！」運動**も行っています。

エンゼルプランV TEL **03-5750-0757**
幼少時からの心の教育を大切にして、信仰をベースにした幼児教育を行っています。

シニア・プラン21 TEL **03-6384-0778**
希望に満ちた生涯現役人生のために、年齢を問わず、多くの方が学んでいます。

NPO 活動支援

学校からのいじめ追放を目指し、さまざまな社会提言をしています。また、各地でのシンポジウムや学校への啓発ポスター掲示等に取り組む一般財団法人「いじめから子供を守ろうネットワーク」を支援しています。

ブログ **blog.mamoro.org**
公式サイト **mamoro.org**
相談窓口 **TEL.03-5719-2170**

政治

幸福実現党

内《ない》憂《ゆう》外《がい》患《かん》の国難に立ち向かうべく、二〇〇九年五月に幸福実現党を立党しました。創立者である大川隆法党総裁の精神的指導のもと、宗教だけでは解決できない問題に取り組み、幸福を具体化するための力になっています。

幸福実現党 釈量子サイト
shaku-ryoko.net

Twitter
釈量子@shakuryoko
で検索

党の機関紙
「幸福実現NEWS」

幸福実現党 党員募集中

あなたも幸福を実現する政治に参画しませんか。

○ 幸福実現党の理念と綱領、政策に賛同する18歳以上の方なら、どなたでも党員になることができます。

○ 党員の期間は、党費（年額 一般党員5千円、学生党員2千円）を入金された日から1年間となります。

党員になると

党員限定の機関紙が送付されます。

（学生党員の方にはメールにてお送りします）

申込書は、下記、幸福実現党公式サイトでダウンロードできます。

住所：〒107-0052
東京都港区赤坂2-10-8 6階
幸福実現党本部

TEL 03-6441-0754
FAX 03-6441-0764
公式サイト hr-party.jp
若者向け政治サイト truthyouth.jp

出版メディア事業

幸福の科学出版

大川隆法総裁の仏法真理の書を中心に、ビジネス、自己啓発、小説など、さまざまなジャンルの書籍・雑誌を出版しています。他にも、映画事業、文学・学術発展のための振興事業、テレビ・ラジオ番組の提供など、幸福の科学文化を広げる事業を行っています。

アー・ユー・ハッピー？
are-you-happy.com

ザ・リバティ
the-liberty.com

幸福の科学出版
TEL **03-5573-7700**
公式サイト **irhpress.co.jp**

THE FACT

ザ・ファクト
マスコミが報道しない「事実」を世界に伝えるネット・オピニオン番組

Youtubeにて随時好評配信中！

ザ・ファクト　検索

NEW STAR PRODUCTION

ニュースター・プロダクション

ニュースター・プロダクション（株）は、世界を明るく照らす光となることを願い活動する芸能プロダクションです。二〇一六年三月には、ニュースター・プロダクション製作映画「天使に〝アイム・ファイン〟」を公開。

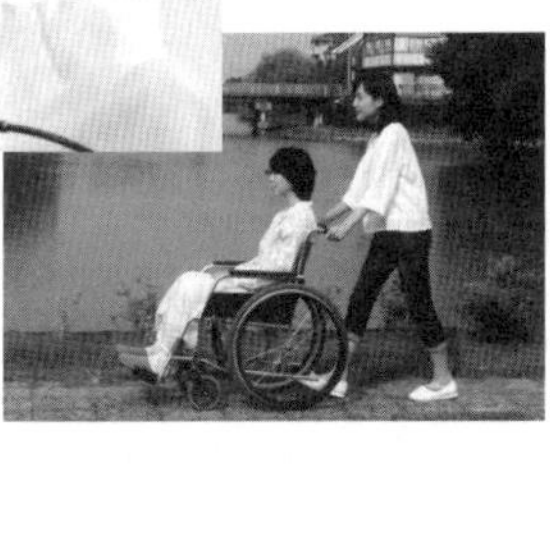

映画「天使に〝アイム・ファイン〟」のワンシーン（下）と撮影風景（左）。

公式サイト
newstar-pro.com